당신은 다른 사람의 성공에
기여한 적 있는가?

대전환 시대의 새로운 성장 방정식, 파트너십

◦— **PARTNERSHIP** —◦

당신은 다른 사람의 성공에 기여한 적 있는가?

◦———— 이소영 지음 ————◦

퍼블리온
Publion

○

추천의 글

전대미문의 위기가 사람이 살아가는 방식을 아무리 바꾼다고 해도 변하지 않는 삶의 제1원칙이 있다. 바로 사람과 사람이 만나서 이루는 파트너십이야말로 모든 변화와 성장의 시작이라는 점이다. 파트너십은 어두운 과거를 걷어내는 거룩한 신호탄이자 새로운 관문으로 향하는 위대한 갈림길이며, 또 다른 우리로 다시 태어나는 경이로운 기적이다. 폭넓은 현장 경험과 통렬한 체험적 깨달음으로 쓴 이 책은 지금 이 시대에 누구나 삶의 지침으로 삼아야 할 필독서가 아닐 수 없다. 《당신은 다른 사람의 성공에 기여한 적 있는가?》는 나를 향한 성찰적 질문이자 우리가 함께 찾아나가는 나침반과도 같은 물음이다. 그 물음을 심장에 담고 책을 읽어나가면 삭풍이 몰아치는 차가운 세상에서도 따뜻한 정을 나누는 행복한 삶의 길이 여전히 열려 있음을 몸으로 느낄 수 있다. 이 책을 잡는 순간부터 당신은 그 어디에서도 찾을 수 없는 성장 파트너를 만나는 기적이 일어날 것이다.

　　－ 유영만, 지식생태학자, 한양대학교 교수, 《부자의 1원칙, 몸에 투자하라》 저자

10년 전 소셜네트워크 서비스가 유행하면서 사람들이 '인맥 쌓기'에 더욱 열

을 올릴 때가 있었다. 그때 어떤 강연자가 이야기해준 '인맥'의 진짜 의미는 충격적이었다. 인맥의 뜻을 완전히 반대로 알고 있었기 때문이다. 그에 따르면, 인맥이란 나를 도와줄 사람들이 아니라, 내가 도와줄 사람들의 목록이라는 것이다. 10년이 지난 오늘 만난 이 책이 다시 머리를 때린다. 이 책은 인맥과 성공의 의미를 한 차원 높은 수준으로 끌어올렸다. 바로 파트너십을 통해서다. 저자는 상생과 상호 성장의 개념인 파트너십을 통해 성공을 새롭게 정의하고, 구체적인 사례와 기술을 이 책에 빼곡히 담았다. 책을 읽고 나서 확신하게 된 사실 하나는, '당신은 다른 사람의 성공에 기여한 적이 있는가'라는 도발적인 질문이 제목으로 달린 이 책이 결국 '당신의 성공'에 크게 기여할 것이라는 점이다.

— 구범준, 세상을 바꾸는 시간 15분 대표, PD

혁신과 성장, 2가지 목표를 어떻게 달성할 것인가? 변화의 최전선인 IT 업계에서 일하며 미래를 성공적으로 헤쳐 나갈 방법에 대해 늘 고민해왔는데 그 방법을 알려주는 책이다. 이 책은 조직과 파트너사, 상사와 부하, 그리고 직원들 간의 관계에서 변화를 일으키고 성장시키는 방법에 대해 체계적으로 잘 정리하고 있다. 마이크로소프트가 위기에서 벗어나 10배 주가 상승을 달성한 비밀이 궁금하다면 이 책을 일독해보기를 권한다. 이 책의 내용은 독자들에게 신선한 충격을 안겨줄 것이다.

— 이지은, 한국 마이크로소프트 대표

처음 하는 일, 혼자 해내기 버거운 일을 마주할 때마다 '누구와 함께'를 먼저 생각하는 사람들. 지난 30년간 직장생활을 하며 보아온, 새로운 일을 두려워하지 않고 남다른 성과를 내는 사람들의 공통점이다. 그들은 자신의 성공을 추구하면서도 다른 사람들에게 성장의 지지대가 되어주는 법을 알고 있었다. 저자는 함께 성장하는 행복한 파트너십을 일의 울타리를 넘어 일터 밖으로, 개인 삶으로 확장할 것을 제안한다. 그녀가 제안한 '성공적인 파트너십을 위한 마법의 7Step'을 따라가며 행복한 후반 삶을 위한 나만의 파트너십 로드맵을 즐겁게 그려볼 수 있었다.

ᅳ 우미영, 어도비코리아 대표, 《나를 믿고 일한다는 것》 저자

사람이 자신이 가진 최고의 능력을 발휘하는 순간은 언제일까? 바로 마음이 맞아 함께 나아갈 수 있는 파트너를 만났을 때다. 서로가 가진 비전과 능력을 알아주고 공감해주며 이끌어줄 수 있는 파트너십은 1+1이 2가 아니라 그보다 훨씬 크다는 것을 깨닫게 해준다. 이는 동서양을 뛰어넘어 위대한 과학적 발견을 이룩하고, 성공적인 비즈니스를 일구어낸 많은 이들이 일관되게 이야기하는 바이다. 인간의 뇌는 사회적 뇌로 진화하였기에 우리는 뇌와 뇌의 연결을 통해서 개인이 가진 한계를 극복해나가는 것이다. 마이크로소프트의 이소영 이사님은 지난 수만 년간 깨지지 않은 이 원칙이 어떻게 지금도 가정과 일터, 그리고 일터 밖에서 여전히 유효한지 명쾌하게 설명한다. 미래가 예측하기 어렵고 불확실한 지금 그 어느 때보다 파트너십의 연결이 필요하다는 것을 느끼게 해주는 책이다. 이 책에서는 우리가 이러한 연결들을 일상 속에서 어떻게 만들어갈 수 있는지 여러 가지 실례를 통해 쉽게 보여준다. 우리는 모두 혼자가 아니라 함께할 때 더 건강하고 행복할 수 있는 뇌를 타고났다.

ᅳ 장동선, 뇌과학 박사, 《뇌 속에 또 다른 뇌가 있다》, 《뇌는 춤추고 싶다》 저자

"언제부터인가 한국 교육을 혁신할 길을 기업에서 찾고자 하는 흐름이 생기기 시작했다. 그 길을 마이크로소프트가 선도하는 것을 보며, 나는 이 회사가

알고 싶어졌다. 이소영 이사의 책은 그 갈증을 시원하게 해결해준다. 자기가 경험한 수많은 사람들의 사연으로 그 주제를 풀어내기에 설득력이 있다. 자신과 가족, 자녀들이 거쳐온 고단하지만 보석 같은 삶을 그 증거로 말하니 울림까지 크다. 성공한 사람의 가벼운 처세 이야기가 아니라는 생각에 옷깃을 여미게 한다. 이번 책도 어김없다. 그는 단순한 기업인이 아니라 기업에서 일하는 사회 혁신가다.

– 송인수, 교육의봄 공동대표, 사교육걱정없는세상 이사장

이토록 생생하고 진솔하며 통찰력 가득한 책이라니! 팔딱거리는 현장 이야기가 가득해 유용하고, 일과 삶의 균형을 가꿔나가는 이야기는 아름다우며, 이론과 실제를 체화해 자신만의 언어로 풀어낸 성공 방정식은 통찰력이 가득하다. '배워서 남 주자'를 온몸으로 실천해온 이소영 이사의 성실한 몸짓이 빚어낸 선물 같은 책이다. 전작에서 내세운 커뮤니티 리더십에서 한 걸음 더 나아가, 나와 사회를 풍요롭게 하는 파트너십의 안과 밖을 다룬다. 현기증 나는 문명의 속도전 한가운데서 어디로 가고 있는지, 어디로 가야 할지 모르는 이들에게 저 멀리 등대처럼 방향타가 되어줄 것이다.

– 김민희, 「topclass」 편집장, 《이어령, 80년 생각》 저자

팬데믹 이후, 낯선 세계에서 살아남기

사람과 사람이 서로 만나서 소통할 수 없는 시대가 급속도로 진행되고 있습니다. 코로나19 상황은 어린이부터 어른까지 전 세대에 걸쳐 영향을 미치고 있지요. 그나마 등교를 하던 학교도 지금은 동급생 얼굴조차 보기 어렵습니다. 기업들도 공채를 없애고 수시 채용으로 바뀌다 보니 마음을 나눌 동기 그룹도 사라지고 있습니다. 회식 자리에서 업무 중에 쌓였던 갈등을 풀던 관행도 점점 보기 힘듭니다. 이제 고민이 생겨도, 갈등이 쌓여도 마음을 터놓고 의논할 상대가 없습니다. 스트레스로 괴롭고 힘들어도 일과 후에 동기나 선배들과 술 한잔 주거니 받거니 하며 기분을 풀던 기억 자체가 없는 세대가 늘어갑니다. 이런 시대에도 서로에게 힘이 되어주고 서로의 성장을 응원하는 관계를 쌓을 수 있을까요?

　기업과 사회 차원에서 겪는 문제들도 크지만 개인들도 힘든 상황입니다. 최근 매니징하고 있는 팀원들 대부분이 아주 큰 슬픔을 연달아 겪었습니다. 코로나19가 직간접적으로 영향을 미쳐 부모님들이 연달아 돌아가신 것입니다. 게다가 대부분의 도시들이 봉쇄되거나 이동이 금지되어 부모님의 임종조차 지킬 수 없었다고 합니다.

나 또한 큰 어려움에 부딪혔습니다. 배우 남편은 계획되었던 모든 공연이 중단되어 실업자 신세가 되었고, 아이들도 1년 넘게 학교에 가지 못하고 있습니다. 실업자 아버지와 사춘기 10대 아이들, 부모님을 잃고 상심에 빠진 팀원들, 도대체 어떻게 이들을 독려하고 큰 슬픔과 우울감에 휩싸인 팀과 가정을 다시 일으켜 세울 수 있을까요? 오늘날 우리 사회가 갑작스럽게 맞이한 낯설고도 혼란스러운 이 시대에 걸맞은 문화는 과연 어떤 모습일까요?

미국의 기업, 그것도 가장 빠르게 혁신이 일어나는 IT 기업 마이크로소프트ms에서 17년째 근무하는 동안 급변하는 시장을 따라잡기 위해 단행된 수많은 구조조정과 부침을 겪었습니다. 부서와 팀이 없어지는 것은 다반사였고 심지어 한참 어린 열 살 아래 후배가 상사가 되기도 했습니다. 게다가 한국에서 전 세계에 흩어져 있는 팀원들을 이끌며 디지털 기술을 활용한 비대면 업무를 수년째 이어오고 있습니다. 4차 산업혁명과 코로나19로 지금 우리 사회와 기업이 겪고 있고, 또 겪게 될 부침을 마이크로소프트에서 먼저 겪었다고도 볼 수 있습니다.

다행히 마이크로소프트는 오랜 진통 끝에 디지털에 적합한 문화와 새로운 제도를 도입하여 오랜 부진을 털고 시가총액 1위를 재탈환하기도 했습니다. 수십 년간 경쟁에서 이기는 것을 최고의 목표로 내달리던 문화에서 성장 문화로 바꾸고 서로에게 질문하기 시작했습니다.

"다른 사람의 성공을 위해 당신이 기여한 것은 무엇인가요?"

이 질문은 마이크로소프트 직원이라면 누구나 분기마다 서로에게 묻고 대답해야 합니다. 그동안 한 번도 생각해보지 못한 질문이라 처음에는 대답하기 매우 어려웠습니다. 하지만 시간이 지나면서 나의 내면에도 수많은 변화가 찾아왔습니다. 그리고 어떠한 상황에서도 함께 성장해나갈 수 있는 '파트너십'의 힘을 깨닫게 되었고, 결국 이 책을 집필하게 되었습니다.

사상 초유의 팬데믹으로 우리 모두는 크고 작은 내상을 겪고 있습니다. 코로나 사태가 언젠가는 진정되겠지만 사람을 멀리하고 관계 맺기를 두려워하는 집단 트라우마가 우리 사회에 어두운 그림자를 드리우고 있습니다. 또한 코로나로 더욱 앞당겨진 디지털 변혁의 세계에서는 예측 불가능하고 낯선 일들이 우리 앞에 수시로 펼쳐질 것입니다. 오랜 기간 디지털 세계로의 변화를 온몸으로 겪으며 깨달은 점은 이 모든 변화를 한 개인이 홀로 견뎌내기는 매우 어렵다는 것입니다. 이 책을 통해 앞으로 우리가 생존하기 위해 반드시 필요한 파트너십을 일터와 일터 밖, 그리고 개인의 영역에서 어떻게 만들어나가야 할지 함께 생각해볼 수 있는 이야기를 나눠 보려고 합니다.

1부에서는 먼저 일터에서의 파트너십을 다루었습니다. 마이크로 소프트의 수평적이면서도 서로의 성장을 이끄는 파트너십 문화를 상세히 기록하려 했습니다. 직접 경험한 내용을 바탕으로 일터가 단순히 돈을 버는 곳이 아닌 사람과 사람이 건강한 성장 파트너십 을 만드는 곳임을 강조했습니다.

2부에서는 일터 밖 파트너십을 다루었습니다. 디지털 변혁의 시 대를 살아가기 위해서는 일터 밖에서도 행복한 성장을 이어갈 수 있는 파트너십을 만들어야 합니다. 이를 위한 파트너십 모델을 다 양한 영역별로 사례와 함께 소개했습니다. 자신의 상황에 맞는 모 델을 찾아 참고할 수 있을 것입니다.

3부에서는 일터와 일터 밖의 파트너십 못지않게 중요한 개인의 파트너십에 대해 다루었습니다. 예측 불가능한 시대에는 정서적인 지지대가 되어주는 사적이고 친밀한 파트너십이 반드시 필요합니 다. 가족이 그러한 파트너십의 전통적인 모델이지만 현재의 디지털 세대들은 보수적이며 불합리한 가족 문화를 수용하기 어려울 것입 니다. 그렇다면 지금 시대에 맞는 개인의 파트너십은 어떠해야 하는 지 생각해볼 수 있는 장을 마련했습니다.

마지막으로 일터, 일터 밖, 개인의 안정적인 삼각형 파트너십을 구축하기 위한 '마법의 7Step'를 소개했습니다. 어떤 상황에서도 하나하나 단계를 밟아나가다 보면 자신에 대한 이해를 바탕으로 타인과 현명하고 건강한 파트너십을 든든하게 구축해나갈 수 있을 것입니다. 이러한 파트너십 모델을 활용하여 어떻게 실업자 아버지와 10대 사춘기 아이들이 코로나 시대를 헤쳐 나가고 있는지 에필로그에서 짧게 소개했으니 참조하면 좋겠습니다.

디지털 혁신의 핵심은 한계 없이 모든 것과 연결하고 융합하는 것입니다. 우리는 지금보다 훨씬 더 미래를 예측하기 어렵고, 불확실성이 일상인 시대를 살아갈 수밖에 없습니다. 디지털 시대에 맞게 일터, 일터 밖 그리고 개인이 단단한 파트너십을 이루어 서로에게 힘이 되어주어야 합니다. 이러한 변화를 조금 일찍 겪으며 성장 파트너십의 모델을 고민하고 기록한 이 책이 팬데믹 이후 낯선 세계를 살아가야 할 우리 모두에게 작은 희망이 되기를 기원합니다.

이 책이 나오기까지 배려와 양보로 더없이 멋진 파트너십을 보여준 나의 소중한 가족, 남편 김윤태와 건우, 가인이, 거제도에 계신 어머니와 아버지, 동생과 그의 가족에게 깊은 감사와 사랑을 전하고 싶습니다. 그리고 퍼블리온 박선영 대표님, 진행을 도와준 김지수 팀장님의 멋진 파트너십이 없었다면 이 책이 마무리되기도 쉽지 않았을 것입니다. 또한 늘 변함없는 우정으로, 그리고 무엇보다 아차산 산책을 함께하는 지란지교, 귀련과 선미 님, 일일이 열거할 수 없지만 훌륭한 사례 공유와 추천사로 함께해주신 책 속의 수많은 파트너들께 감사의 말씀을 전합니다. 특히 책에는 이름을 거론하지 못했지만 백예일 님, 김성미 님, 백혜현 님, 이동선 님, 최지훈 님, 하현주 님, 김지영 님, 권찬 님, 김태윤 님, 김경환 님, 김광남 님, 그리고 헌신으로 공동체의 성장을 이끄는 수많은 커뮤니티 리더들, 마이크로소프트 MVP들께도 이 자리를 빌려 감사의 인사를 나누고 싶습니다. 감사합니다.

2021년 3월

이소영

◦
차례

P A R T 1

지금 더욱 필요한 함께 성장하는 법, 파트너십
: 행복한 성장이 가능한 일터를 만들다

PART 2

예측 불가능 시대에 살아남는 파트너십 공식
: 일터 밖 파트너십을 만들어라

PARTNER-
SHIP

지금 더욱 필요한
함께 성장하는 법, 파트너십
: 행복한 성장이 가능한 일터를 만들다

**변화 앞에 선 사람들,
이상한 뷰카(VUCA) 나라의 앨리스**

앨리스 : 내가 여기서 어떤 길로 가야 하는지 얘기해줄래?

체셔캣 : 그건 네가 어디로 가길 원하는지에 달려 있지.

앨리스 : 어디로 가는지는 크게 상관하지 않아.

체셔캣 : 그럼 어떤 길로 가든 아무 상관 없어.

출처 영화 〈이상한 나라의 앨리스〉
이미지, 팀 버튼 감독, 2010.

《이상한 나라의 앨리스》를 읽어봤다면 이 장면을 기억할 것이다. 선문답 같은 이 대회는 변화의 한가운데서 어디로 가야 할지 몰라 방황하고 있는 우리 모두에게 매우 중요한 메시지를 던진다. 점점 더 변덕스럽고volatile, 불확실하며uncertain, 복잡하고complex, 모호한ambiguous, 즉 뷰카VUCA한 세상을 살아가고 있는 우리는 도대체 어디에 가 닿기를 원하는 것일까?

체셔캣의 질문에 제대로 답하지 못한 앨리스는 온갖 풍파를 겪으며 결국 영문도 모른 채 하트 여왕에게 죽임을 당하기 직전까지 간다. 잘못이라고는 시간 토끼를 따라가다 자신이 살던 곳과는 완전히 다른 세상에 발을 들여놓았다는 것을 인지하지 못했다는 것과 자신이 어디에 가고 싶은지도 모르고 체셔캣이 이끄는 대로 아무 길이나 갔다는 것뿐이다.

코로나19가 발발하기 전부터 이미 우리 앞에는 새로운 세상이 펼쳐지고 있었다. 과거의 성공 방식이 먹혀들지 않기 시작한 것이다. 우선 사람들이 TV나 신문을 보지 않게 되면서 제품의 마케팅이나 브랜딩의 방식이 바뀌기 시작했다. 먹거리를 사는 행위도, 쇼핑하던 관행도, 책이나 영화 등의 콘텐츠를 소비하는 방식도 바뀌었다.

사람들의 의식도 바뀌고 있었다. 밀레니얼 세대(1980년대 초~2000년대 초에 태어난 세대)다, Z세대(1990년대 중반~2000년대 초에 태어난 세대)다, 90년생이다 등 이전 세대와는 달리 태어나면서부터 디지털의 혜택을 받고 자란 세대가 사회의 주류로 부상하고 있다. 이들의 사고방식과 행동 패턴은 디지털 이전 시대를 살아온 기성세대들을 충격에 빠뜨리기 충분했다. 기존 관행대로 말하고 행동했다간 금세 '꼰대'나 '라떼 이즈 홀스(Latte is Horse, 라떼(나때) 이즈(는) 홀스(말이야))'라는 비아냥의 대상이 되기 쉽다. 수평적인 그들의 사고방식에 맞지 않는 갑질 기업, 비윤리적 기업에 대해서는 어김없이 디지털상에서 재판이 열리며 매출이 급감했다. 반대로 이들의 감성을 이해하고 적극 끌어안는 기업에게는 새로운 기회의 장이 활짝 열렸다.

이렇게 변화한 세상으로 우리를 단숨에 끌고 온 시간 토끼는 비로 급격하게 발전하고 있는 '디지털 기술'이다. 4차 산업혁명, AI 시대도 결국 디지털 기술의 변화가 몰고 온 혁신의 결과물이다. '디지털'이란 시간 토끼는 앨리스가 만난 토끼만큼이나 우리를 혼란스럽게 한다. 물약 하나로 커졌다 작아졌다를 반복하는 앨리스가 느꼈을 변화와 혼란을 우리도 느끼고 있는 것이다.

디지털 기술을 통해 서로 다른 기술들이 쉽게 융합해 완전히 새로운 창조물이 탄생할 수 있다. 그리고 새롭게 등장한 것에는 기존의 상식이나 성공 방정식이 적용되지 않는다. 자동차를 만들던 기업이 이제는 소프트웨어를 잘 만들어야 하고, 하드웨어 업체들도 서비스를 파는 기업이 되어야 살아남는다.('[최원석의 디코드] 애플·LG의 전기차 진출, 새로운 부 창출의 서막 열렸다', 「조선일보」, 2020. 12. 24. 참조) 어떤 사람은 수일이 걸리는 일도 AI 기술을 사용할 줄 아는 옆자리 동료는 몇 분 안에 끝낼 수 있다.

기술의 발달과 더불어 삶의 형태도 예전과 비교할 수 없을 만큼 빠르게 변화하고 있다. 기술은 필연적으로 사람들의 변화를 이끈다. 디지털 혁신 이전 세대의 성공 방식, 행동 규범, 문화는 산업화 시대에 걸맞게 설계되어 있었다. 디지털로 일상이 채워진 지금은 이 시대에 맞게 변화할 필요가 있다. 디지털 기술이 지배하는 세상을 살아가면서도 기업의 문화와 사람들의 사고방식이 변하지 않는다면 빠르게 도태될 수밖에 없다.

세계은행의 지식경영 책임자를 지낸 스티븐 데닝은 자신의 책 《애자일, 민첩하고 유연한 조직의 비밀The Age of Agile》에서 향후 5년간 상장 기업의 3분의 1이 상장 폐지될 것이라고 예상했다. 과거의 톱다운 방식, 연공서열 등을 고수하며 직원과 고객을 파트너로 대하지 않는다면 어떠한 미래가 기다리고 있을지 쉽게 짐작할 수 있다.

우리는 지금 새로운 세계를 재빨리 인지하고 어디를 향해 갈 것인지 고민하고 대답해야 하는 체셔캣 앞의 앨리스와 같은 상황에 놓여 있다. 디지털이 몰고 온 뷰카한 세계에 가장 적합한 문화는 어떠해야 하는가? 우리 기업이 나아가야 할 방향이 어디인지 머뭇거릴 시간적 여유가 많지 않아 보인다.

언제든 떠날 준비를 하는
직원들

○   "제 꿈은 회사에서 5년 정도 많이 배우고 성장한 후에 제 회사를 만드는 것입니다."

얼마 전 젊은 직장인들이 함께 공부도 하고 네트워킹도 할 수 있는 직장인 커뮤니티에 참여한 적이 있다. 실력과 능력이 탁월한 밀레니얼 세대들의 발표를 들을 수 있는 아주 값진 자리였다. 그런데 조금 놀란 부분이 있었다. 꽤 훌륭한 기업을 다니는 젊은 직원들이 미래의 포부를 밝히는 순간이었다. 유능한 인재들이 회사 안에서의 승진 경쟁을 일찌감치 포기하고 차근차근 준비하여 자신의 비즈니스를 하겠다고 당당하게 말하는 것이었다.

일본을 제외한 대부분의 OECD 국가에서는 '긱 경제Gig Economy'라 불리는 공유경제, 그리고 유튜브, 아마존 등의 플랫폼 기업들의 성장세로 청년층의 자발적인 비정규직이 급격히 증가하고 있다. 우리나라뿐만 아니라 이들 나라의 50%가 넘는 청년들이 자의 반 타의 반으로 비정규직을 선택하고 있다. 각종 온라인 러닝 플랫폼에는 '유튜브로 돈 버는 법', '블로그로 돈 버는 법', '아마존과 같은 오픈마켓에서 돈 버는 법', '1인 기업 운영법' 등에 관한 영상이 넘쳐난다. 모두 답답한 직장생활을 벗어나 자유로운 수입원을 창출한 성공 사례와 노하우들이다.

밀레니얼 직장인이 꼽은 좋은 직장의 조건 1위가 '워라밸 보장'

(49%)이다. 맨 마지막 순위에 있는 정년 보장(12%)과는 3배 넘게 차이가 난다.('밀레니얼 직장인 절반, 좋은 직장 조건 1위는 워라밸', 「파이낸셜뉴스」, 2020. 01. 02. 참조) 하지만 '난 6시 이후에는 일 안 할 거야', '승진 같은 건 상관없어'라는 의미가 아니다. 회사에서 늘 만나는 사람들과 저녁을 먹거나 회식을 하며 시간을 흘려보내기보다는 하고 싶은 공부나 운동, 취미활동과 자기계발에 시간을 쏟고 싶은 것이다. 결혼도 출산도 모두 선택 사항일 뿐 오로지 자신만 책임지면 된다.('[big story] 나와 우리, 느슨해서 더 행복하다', 「MONEY」, 한국경제 매거진 발행, 2020. 02. 25. 참조) 이러니 윗사람 눈치 보느라 퇴근조차 마음대로 못 했던 기성세대와는 확연히 다른 것이다.

물론 모든 밀레니얼들이 이들과 같지는 않을 것이다. 하지만 글을 깨칠 때부터 인터넷에서 전방위적으로 쏟아지는 정보 속에 살아온 이들은 기존 세대와는 차원이 다른 정보 습득력을 갖추고 있다. 이들이 자신들의 무기인 디지털 활용 능력을 앞세워 스타트업을 만들거나 개인사업자가 되어 정체된 시장을 빠르게 혁신하고 있는 것이 사실이다. 기업에 들어가서 일을 하더라도 회사의 존폐와 동료와의 경쟁에 인생 전부를 걸기에는 아는 게 너무 많다.

문제는 앞으로 나아가 혁신 대열에 적극적으로 끼지도 못하고 구체제에 발을 붙이고는 있으나 하루하루 불안하고 공허한 수많은 일반인들이다. 어렵게 기존 체제나 조직에 적응한다고 해도 40세 이후에도 나를 계속 고용하거나 채용하려는 곳이 있을까 하는 불안감을 느끼는 사람들이 많다.

능력 있는 사람들일수록 이런 고민은 더욱 깊을 수밖에 없다. 하루라도 젊어서 준비하지 않으면 갈 곳 없이 어떻게 해서든 기존 조직에 붙어 있으려는 젖은 낙엽 신세를 벗어나지 못할 것이다. 조직 안에서도 스스로 혁신할 수 있고 전문가로서 성장할 수 있는 문화와 기회가 있다면 굳이 외부에서 기회를 찾기보다는 자신이 속한 기업과 함께 성장하려고 할 것이다. 퇴직을 하더라도 자신의 전문성을 살려 또 다른 기회를 찾으면 되기 때문이다. 하지만 직원들의 성장은 관심도 없고 답답한 기존 체계를 유지하는 것에만 연연하면 결국 조직에서 붙잡고 싶은 능력 있는 핵심 인력부터 떠나게 된다. 혁신이나 성장의 기회가 적은 조직에서 긍정적인 미래를 기대할 수 있겠는가.

"일 잘하고 똑똑한 친구를 뽑아놓으면 얼마 안 있어서 나가버린단 말이야."

어느 기업 인사팀 부장의 하소연이 다시 한 번 생각난다.

직장을 다니는 사람들은 회사 생활에 행복을 느끼지 못해 시시각각 퇴사를 고민하고, 기업은 그런 직원들을 어떻게 끌고 가야 할지 모른다. 기업도 직원의 사고방식도 과거와 확연히 다르다. 더 이상 고용주와 피고용인이라는 갑을 관계가 형성되지 않는다. 이런 상황에서 필요한 것은 무엇일까? 시대는 빠르게 변화해가는데 새로운 시대에 걸맞은 일터에서의 관계는 어떤 모습일까?

성과주의의 한계,
애자일 조직에서 해법을 찾다

"증권사는 실적이 미덕이고 성과가 인품인 업종입니다. 그러다 보니 좋은 리더는 돈 잘 버는 사람, 성과를 많이 내는 사람이라는 문화가 있습니다.

전사 직원들 간의 유대감과 교류가 매우 부족한 데다 보수적이고 위계질서까지 있다 보니 서로를 경쟁 상대로 생각하는 고정 마인드셋이 강하고, 나이가 어리거나 직급이 낮은 사람의 의견이 제대로 수용되지 않습니다.

모든 회사가 그렇겠지만, 저희 역시 영업 부문은 실적에 대한 스트레스가 매우 강합니다. 다른 부서는 '윗사람에게 잘 보인 사람=승진'이라는 생각으로 협동보다는 내가 잘나 보여야 한다는 압박, 우리 부서가 뭔가를 보여줘야 한다는 강박이 강한 것 같습니다. 이들 간에 서로 어떻게 공감하고 이해하며 발전적인 시너지를 내는 문화를 만들어갈 수 있을까요?"

○　　　　　어느 증권회사 직원이 나에게 강연 요청을 하면서 보내온 메일의 일부이다. 현재 대부분의 한국 기업이 처한 조직의 모습, 즉 전통적인 관료주의 시스템에서 발견되는 모습일 것이다. 이전 마이크로소프트의 모습도 크게 다르지 않았다. 성과지표는

대부분 수치로 표시되어 임직원을 압박하는 도구로 사용된다. 동료와 타 부서는 경쟁 상대이지 협력의 대상이 되기 어렵다. 성과를 초과 달성해서 연봉도 오르고 보너스를 받아도 금세 내년도 목표 달성 수치가 버티고 있다. 어느 부서에서 더 앞서가는지, 누가 윗사람에게 더 잘 보여 승진의 기회를 앗아가는지 촉각을 곤두세우느라 항상 어깨가 뻐근하고 목덜미가 당긴다. 내부에서 경쟁하는 데 에너지를 다 써버리니 고객과 시장이 어떻게 변화하는지, 어떤 혁신적인 아이디어를 동료들과 함께 키워나가야 할지 고민할 시간도 여유도 없다.

이러한 전통적인 조직 운영의 폐해를 없애고 고객의 소리를 더 기민하게 듣기 위해 마이크로소프트뿐만 아니라 빠른 혁신이 필요한 실리콘밸리의 기업을 중심으로 애자일_{agile} 조직 운영이 대세로 자리 잡고 있다. 애자일은 번역하면 '기민한', '민첩한'이라는 의미다. 모든 것이 불확실한 환경에서 기업의 핵심 경쟁력은 '얼마나 애자일하냐', 즉 '얼마나 빨리 변화에 대응하느냐'로 귀결된다. 애자일 경영에서는 고객의 진짜 욕구를 만족시키기 위해 전통적인 조직 운영 방식을 버리고 기술과 데이터를 더욱 기민하고 효율적으로 사용하는 새로운 조직 운영 방식을 적극 도입한다.

애자일 조직에서는 팀을 작게 만들고 그 팀들이 상호 네트워킹을 할 수 있는 시스템을 만든다. 이를 위해서는 조직의 문화를 대대적으로 바꿔야 한다. 특히 경영진은 모든 인재들이 자신의 재능을 최대한 끌어낼 수 있도록 공감하고 경청하며 직원들과 파트너십 문화를 만드는 데 집중한다. 직원들이 상사의 눈치를 보고 동료와 경쟁하는 대신 어떻게 하면 고객에 집중할지에 포커스를 두는 것이다.

최근 나는 수십 년간 납입하던 A기업의 연금과 보험계좌들을 모조리 M모 그룹으로 옮기게 되었다. M모 그룹의 보험설계사와는 우연히 알게 되었는데 일반적인 보험설계사와 달리 주로 나의 현재 관심사에 대해 이야기를 나눴다. 내가 책을 출간했다고 하자 자신이 속한 독서 모임에 소개하겠다며 여러 권 사서 사인을 받아가기도 했다.

대화를 나누면서 자연스럽게 내가 A기업에 가지고 있는 연금과 보험의 상태를 분석해주었고, 추가 납입 없이 수익률을 높일 수 있는 방법까지 알려주었다. 그러고는 자신이 속한 M모 그룹 증권사의 주식 전문가인 부장 한 분을 소개해주었다. 보통 같은 그룹이어도 보험사와 증권사는 완전히 다른 조직인데도 계열사 간의 소통이 매우 자연스러워 보였다.

소개받은 증권사의 부장은 전문가답게 향후 주식 시장의 방향이나 국내뿐 아니라 해외 주식에 대한 정보가 남달랐다. 나는 곧바로 옮기지 않고 그가 제안한 대로 현재 연금을 구성하고 있는 펀드의 종류만 변경했다. 그리고 한 달쯤 지나자 수십 년간 큰 변화 없던 연금의 성장률이 가시적으로 나타나기 시작했다. 이쯤 되자 더 생각할 이유가 없었다.

그동안 A기업에 여러 개의 연금과 보험을 들어도 담당자를 한 번

만나보기도 어려웠고 수익률도 변화가 없었다. 그에 반해 M모 그룹의 고객 밀착형 서비스와 내부의 인력들이 계열사를 오가며 고객의 수익을 위해 협심하는 모습이 무척 인상 깊었다. 당연히 내 계좌만을 옮기는 데 그치지 않고 주변 지인들에게 적극 소개했다. 이것이 애자일 경영의 힘이라는 것을 직접 느낄 수 있는 기회였다.

애자일 조직에서는 불필요한 위계나 중간 관리자 그룹을 대폭 축소한다. 대신 고객을 대면해 다양한 요구를 직접 경청하고 고객 중심으로 기민하게 움직일 수 있는 작은 조직들이 더 많이 필요하다. 이러한 조직에서 일하는 인재는 저마다 다른 고객의 목소리를 듣고 공감할 수 있는 다양성과 포용성을 갖추어야 한다. 또한 하루가 다르게 발전하는 시장과 기술 환경을 그때그때 능동적으로 배우고 스스로 학습하며, 실질적인 전략을 짤 수 있는 실무 능력과 리더십도 필수이다. 그렇게 수집된 고객의 요구를 내부 조직에 효율적으로 전달하고 영향을 미칠 수 있는 리더십도 중요하다.

기업은 이렇게 수집된 정보를 바탕으로 고객에게 맞는 제품과 서비스를 적절한 타이밍에 출시할 수 있다. 톱다운 관행에서 철저하게 고객 중심, 시장 중심으로 변화하는 것이다. 이러한 변화를 이끌고 성장하기 위해서는 반드시 영입한 인재들이 능력을 최대한 발휘할 수 있는 파트너십 조직문화를 정착시켜야 한다.

이러한 혁신의 최대 걸림돌이 신입사원부터 정년까지 책임지는 기존의 인사 시스템이다. 이것은 최근 대기업에서 불고 있는 공개채용 폐지의 이유이기도 하다. 공개채용은 개별 부서의 전문성과는 상관없는 범용적인 엘리트를 채용하는 데 매우 유리하다. 특히 우리나라의 교육 체계에 특화된 인재들은 오랫동안 정해진 커리큘럼에 따라 수동적인 자세로 학습하는 방식에 익숙하다. 하지만 애자일 조직에서는 민첩하게 움직이며 전문성을 갖춘 인재를 필요로 한다. 수동적으로 시키는 일만 하는 사람들은 더 이상 기업에 필요한 인재로 성장할 수 없다. 그때그때 변화하는 고객의 니즈를 빠르게 파악하고 시장의 변화에 기민하게 대응할 수 있는 유연한 자세를 바탕으로 실질적인 역량을 갖춘 사람을 요구하는 것이다.

급격한 외부 환경의 변화에서 살아남기 위해 기업은 어떤 직원을 핵심 인재로 채용하거나 남겨야 할지 심사숙고하고 있다. 이에 더해 핵심 인재가 더욱 성장할 수 있는 기업 환경과 파트너십 조직문화를 만드는 데 사활을 걸어야 한다. 애써 핵심 인재를 채용한다고 해도 위계질서가 팽배한 조직문화에서는 이들을 붙잡아둘 수 없다. 더 나아가서 인재들의 역량과 기업의 귀한 자원을 낭비함으로써 결국 시장에서 도태될 수밖에 없는 것이다.

디지털 시대
생존 코드 파트너십

○   "마이크로소프트 직원들은 구글과 경쟁하

는 것이 아니라 동료들과 경쟁한다. 마이크로소프트는 똑똑한 엔지니어들이 넘쳐나는 어설픈 기업이다."

이러한 세간의 혹평을 반영하기라도 하듯 내가 입사한 2000년대 초반부터 사티아 나델라 회장이 부임한 2014년까지 마이크로소프트의 주가는 20달러대를 넘지 못했다. 그동안 구글, 애플, 아마존이 승승장구하며 혁신 제품을 쏟아내고 있는데도 말이다. 한때 혁신의 아이콘으로 전 세계 똑똑한 인재들을 불러 모으던 마이크로소프트도 인재가 성장할 수 있는 문화를 만들지 못하자 오랜 정체에 빠졌다.

기업 전략 및 운영에 관한 분석을 제공하는 미국의 기업운영이사회 Corporate Executive Board, CEB 의 매슈 S. 올슨과 데릭 반 베버는 잘나가던 기업들이 한순간 성장을 멈추고 급기야 매출이 곤두박질치면서 위기에 처하는 지점인 스톨 포인트 Stall Point 에 대해 연구했다. 그들이 분석한 바에 따르면 포춘 100대 기업에 속한 글로벌 500대 기업 중 지속적인 성장을 한 곳은 13%에 불과했고 나머지 87%는 스톨의 덫에 걸렸다고 한다. 그중 76%는 스톨을 극복하지 못하고 재도약에 실패했으며 단지 11%만이 다시 상당 수준의 성장률을 회복하며 상승 궤도에 올랐다.

기업이 스톨의 덫에 빠지는 가장 큰 이유는 시장이 보내는 변화의 신호를 잡음으로 간주하고 무시하는 것이다. 이로 인해 새로 출현한 경쟁 업체들이나 고객의 변화된 취향에 적절한 대응을 하지 못한다. 특히 지금처럼 디지털 기술 혁신이 수시로 일어나고 그에 따라 고객의 취향이 급변하는 시대야말로 스톨의 덫에 빠지기 쉽다. 절대 깨질 것 같지 않던 독일 명품 자동차의 아성이 테슬라나 애플 자동차와 같은 전기차의 출현에 흔들리는 것이 좋은 예이다.

디지털 혁신의 시대에는 새로운 기술과 정보가 실시간으로 업그레이드되기 때문에 아무리 천재라 해도 한 사람이 모든 지식을 습득할 수는 없다. 과거와 같은 지식 습득 방식도 설 자리를 잃는다. 지금까지는 어떤 분야의 선생이나 교수가 공부한 것을 앉아서 습득하기만 하면 되었다. 하지만 디지털 기술의 발전 속도가 너무나도 빨라서 전문가들조차 따라가기 힘들다. 이런 시대에는 모든 곳이 학교이고, 모든 사람들이 교수나 전문가에 버금가는 정보와 지식을 스스로 찾아내 습득할 수 있다. 학교에 앉아 있으면 공부하는 것, 유튜브를 보면 노는 것이라고 단정하기도 어렵다.

문제는 배우고 성장하려는 자세다. 회사 동료도 더 이상 실적과 승진을 놓고 경쟁하는 관계가 아니라 서로 가지고 있는 경험과 지식을 나누고 성장을 위해 협력하는 파트너 관계가 되어야 한다. 그래야 회사 내부가 아닌 시장과 고객을 위해 더욱 혁신하는 데 몰입할 수 있다. 이를 위해서는 성과를 평가하는 방식도 대대적인 수술이 필요하다. 기업과 임직원의 관계도 마찬가지다. 이제 임직원 한명 한명이 교사이자 고객이며, 회사의 혁신과 성장에 마중물이 될 귀중한 파트너들이다. 이들이 성장하면서 조직도 성장하기 때문이다.

마찬가지로 직원이 회사를 보는 관점도 달라져야 한다. 예전과 같이 회사에 뼈를 묻을 각오나 충성심으로는 오래 다닐 수도 없고, 회사가 그것을 원하지도 않는다. 조직에서 경험을 쌓으며 성장하고 그 결실을 회사에 돌려주겠다는 파트너십이 필요하다. 이런 파트너십의 마음으로 지금 몸담고 있는 회사에서 성과를 만들어야 한다. 그래야 그 과정에서 익힌 기술과 지식, 네트워크로 그다음 커리어가 쉽게 열릴 수 있다.

마이크로소프트는 십수 년간 부진의 늪에서 헤어나지 못했다. 하지만 사티아 나델라 회장의 부임 이후 혁신과 성장을 서듭하여 시가총액 1위를 재탈환하기도 했다. 마이크로소프트의 혁신과 성장을 가능하게 한 비밀은 클라우드와 AI 기술에 있는 것이 아니다. 어떤 혁신적인 기술이든 배우고 나누려는 성장 마인드의 문화를 임직원과 동료, 회사 그리고 고객이 함께 만들어나가는 파트너십에 있다.

그렇다면 마이크로소프트는 십수 년간의 정체, 혁신에 성공한 경쟁사들의 위협, 변화에 부정적인 내부 조직의 위기를 어떻게 극복했을까? 변혁의 시대에 어떻게 회사와 직원이 파트너가 될 수 있는 문화와 제도를 만들어나갔는지 다음 장에서 구체적으로 살펴보고자 한다.

마이크로소프트,
시총 1위를 만든 비밀

대변화, 마이크로소프트를 바꾼
성장 마인드셋

○ 　　　　　나는 17년간 마이크로소프트에 재직하면서 과거의 경쟁적인 조직문화와 현재의 성장 파트너십 문화를 속속들이 체험했다. 스톨의 덫에 빠져 좌초 위기를 겪던 마이크로소프트라는 거대 함정을 날쌘 쾌속정으로 바꾸는 혁신의 과정에서 수많은 부침이 있었다.

　앞에서 살펴본 애자일 경영과 조직 혁신으로 가장 크게 변화한 부분을 꼽으라면 임직원의 성과를 평가하는 방식이다. 과거에는 '모든 것을 아는Know-it-all 문화', 즉 '직원 모두가 모든 것을 알아야 한다'는 경쟁 문화가 강했다. 하지만 사티아 나델라 회장 이후에는 '모든 것을 배우는Learn-it-all', 즉 '누구든 배우면 된다'는 성장 마인드셋이 중요한 문화로 자리 잡았다. 그러한 변화를 가장 잘 반영할 수 있도록 성과 평가 방식을 대대적으로 바꾸게 된 것이다.

마이크로소프트 직원들은 분기에 한 번씩 부서와 회사의 목표에 맞춰 자신이 한 일들을 되돌아보고 매니저와 의논하는 형태로 평가를 진행한다. 크게 다음 4가지 질문이 주어지고 서술형으로 답변하는 방식이다.

1. 지난 기간 당신의 성과가 어떤 비즈니스 영향력을 미쳤으며 기여한 바는 무엇인가요?
2. 무엇을 다르게 했더라면 더 큰 비즈니스 영향력을 발휘할 수 있었을까요?
3. 다음 기간 당신이 기대하는 비즈니스 영향력은 무엇이고 당신의 주요 산출물은 무엇인가요?
4. 향후 당신이 배우고 성장할 부분은 무엇인가요? 당신의 성장과 발전을 위해 필요한 경험과 스킬은 무엇인가요?

딱 떨어지는 숫자로 표기된 KPI(Key Performance Index, 핵심성과지표)에 달성은 초록색, 미달은 빨간색으로 표시되던 과거의 성과 측정 방식과 얼마나 큰 차이가 있는지 바로 알 수 있다. 이 질문에 대한 답은 몇 단락의 문장으로 작성하면 되지만 막상 해보면 쉽지 않다. 단순히 상사나 팀이 요구한 산출물을 만드는 데만 집중하고 그것이 비즈니스에 어떤 영향력을 미쳤는지 생각해보지 않으면 답변할 수 없는 질문들이다.

매니저는 평소 관찰한 것과 정기적인 일대일 미팅 등에서 코칭한 내용을 바탕으로 답변에 대한 피드백과 총평을 남긴다. 이때 매니저와 직원 모두 회사가 요구하는 2가지 기준을 완벽히 숙지하고 있어야 한다. 하나는 성장 마인드셋을 가지고 일했는가 하는 태도에 대한 기준이다. 다른 하나는 내 성과뿐만 아니라 다른 사람의 성공에 어떤 도움을 줬는지, 자신은 다른 사람에게 어떤 도움을 받아 성과를 높였는지를 평가하는 영향력에 대한 기준이다.

먼저 성장 마인드셋으로 대변되는 태도에 대한 평가는 스탠퍼드 대학교 캐럴 드웩 교수의 '마인드셋'을 바탕으로 한다. 《마인드셋》은 21세기에 출간된 자기계발서 중 '빌 게이츠의 선택을 받은 유일한 책'이자 사티아 나델라 회장도 '내가 마이크로소프트에서 창조하고자 하는 변화의 핵심을 담은 책'이라고 칭송했다. 마이크로소프트 혁신의 중심축이자 모든 임직원이 취해야 할 태도의 기준을 담고 있다. 다음의 직원 평가표에 적힌 구체적인 항목들을 살펴보자.

고정 마인드셋은 똑똑해 보이려는 욕망으로 이끌기 때문에

1. 도전 상황을 피하려 하고,

2. 쉽게 포기한다.

3. 실패는 무가치하므로 하면 안 되고,

4. 유용하지만 부정적인 피드백을 무시한다.

5. 다른 사람들이 성공하면 위협을 느낀다.

성장 마인드셋은 배우려는 욕망으로 이끌기 때문에

1. 도전 상황을 적극 받아들이고,

2. 좌절을 견뎌낸다.

3. 실패는 완성을 위해 반드시 필요하고,

4. 비평으로부터 배우며,

5. 다른 사람들의 성공으로부터 영감을 얻는다.

고정 마인드셋 vs 성장 마인드셋

	고정 마인드셋	성장 마인드셋
기본 전제	지능은 정해져 있다	지능은 성장할 수 있다
욕구	남들에게 똑똑해 보이고 싶다	더 많이 배우고 싶다
따라서…		
도전 앞에서	피한다	받아들인다
역경 앞에서	쉽게 포기한다	맞서 싸운다
실패에 대해	하면 안 된다고 생각한다	완성을 위한 도구로 여긴다
비판에 대해	옳더라도 무시한다	비판으로부터 배운다
남의 성공에 대해	위협을 느낀다	교훈과 영감을 얻는다
결과	현재 수준에 정체되고 잠재력을 발휘하지 못한다	잠재력을 발휘해 최고의 성과를 낸다

출처 《마인드셋》, 캐럴 드웩 지음, 김준수 옮김, 스몰빅라이프, 2017.

고정 마인드셋과 성장 마인드셋의 특징을 나란히 비교해보면 그 차이를 획연하게 알 수 있다. 성장 마인드셋은 적극적으로 배우려는 자세이다. 실패하더라도, 또는 비판을 듣더라도 그 모든 것을 성장을 위한 배움의 기회로 삼는다. 이렇게 성장 마인드셋을 장착한 직원들은 일터를 단순히 생존을 위해 돈을 버는 곳으로 여기지 않는다. 시장과 고객이 필요로 하는 것이 무엇인지 면밀히 살피고 나와 회사가 성장하기 위해 무엇을 해야 하는지 스스로 고민한다. 회사 안에서 동료와 상사는 함께 성장하기 위한 귀중한 파트너로 서로 머리를 맞댄다. 애자일 조직에서 반드시 갖추어야 할 직원의 자세인 것이다.

"당신은 다른 사람의 성공에 어떻게 기여했나요?"

○ 　　　　　　　성장 마인드셋과 나란히 적혀 있는 두 번째 성과 평가 기준은 임팩트impact, 즉 영향력을 평가하는 지표이다. 내가 몸담고 있는 글로벌 인플루언서팀에서 MVPMicrosoft Most Valuable Professional나 RDMicrosoft Regional Director와 같은 기술 인플루언서를 선정할 때도 기술 커뮤니티의 성장에 미친 영향력을 평가한다. 사실 영향력이란 매우 추상적인 개념이다. 당신이 회사에 어떤 영향력을 발휘했는지 평가하라고 하면 어디에서 어떻게 시작해야

할까? 여기에 애자일 조직의 중요한 힌트가 숨어 있다. 실제 세상이 뷰카VUCA하며, 고객은 모호하고 변덕스럽기 짝이 없는데 기업 안의 직원 평가는 똑 떨어지는 수치로 할 수 있다는 것 자체가 비현실적인 것이다.

마이크로소프트에서 직원 평가 기준으로 삼고 있는 영향력은 한마디로 '다른 사람과 협력하여 내 성과뿐만 아니라 다른 사람의 성공에 기여한 정도'를 일컫는다. 이러한 영향력을 조화롭게 달성할 것을 요구하며 3개의 원3circle을 제시한다. 3개의 원에는 각각 다음과 같은 기준이 적혀 있다.

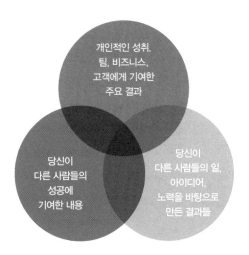

하나씩 살펴보면 좀 더 명확해진다. 첫 번째 원은 개인의 성과 지표이다. 지금까지 우리를 둘러싸고 있던 모든 평가들을 한번 들여다 보자. 학창 시절 십수 년간 우리는 어떻게 평가되어 왔는가? 사회에 나와서는 어떤가? 회사에서도 수치화된 개인의 성과를 바탕으로 평가되어 왔다. 이런 환경에서 사람들은 서서히, 그러나 철저히 경쟁적으로 변화될 수밖에 없다.

마이크로소프트도 그랬다. 직원 개개인들은 KPI라 불리는 목표 수치를 부여받고 그것을 달성하도록 어마어마한 압박을 받았다. 심지어 상대평가를 통해 서열을 나누고 각자의 성과를 비교하기도 했다. 겉으로는 드러나지 않지만 피 말리는 경쟁적인 분위기가 형성될 수밖에 없는 것이다. 어떤가? 지금 우리 아이들의 학교 현장이 떠오르지 않는가? 아이들의 정서는 점점 메말라가고 학습 성과는 더욱 떨어지는 원인이 철저히 개인의 성과에만 목매게 만드는 평가 방식에 있지 않은지 되돌아보아야 할 시점이다.

마이크로소프트도 직원들이 각자 자신의 성과 달성만을 위해 치열하게 경쟁하는 동안 혁신은커녕 부진의 늪에서 헤어나지 못했다. '모바일 1등, 클라우드 1등' 등 회사의 비전은 항상 '1등', 세계 최고가 되는 것이었다. 직원들은 그러한 회사의 비전에 맞춰 내려온 개개인의 KPI를 맞추기 위해 전전긍긍했다. 그렇게 열심히 '노오력'했으나 이상하게 회사는 성장하지 못했다. 다른 혁신 기업들이 탄생하고 승승장구하는 동안 마이크로소프트는 오랜 스톨의 덫에 빠져 꼼짝도 못 하고 있었던 것이다.

이렇게 수치화된 개인의 성과만을 강조하던 분위기에서 서로를 견제하며 경쟁하던 직원들은 사티아 나델라 회장 이후에 새롭게 도입된 평가 방식이 영 낯설게 느껴졌다. 첫 번째 원뿐만 아니라 두 번째, 세 번째 원도 똑같이 고려해야 했기 때문이다. 두 번째 원은 다음 질문에 답하는 것이다.

'당신이 다른 이들의 성공을 위해 기여한 바는 무엇인가요?'

일단 이 질문을 받으면 당황할 수밖에 없다. 내가 어떤 것을 기여해야 하는지 정해져 있지 않기 때문이다. 내 개인의 성과는 회사의 목표와 팀의 우선순위에 따라 어느 정도 윤곽이 정해진다. 하지만 다른 사람 혹은 다른 팀의 성공을 위해 내가 무엇을 기여할 수 있는지에 대해서는 리더의 위치에 올라 다른 사람을 이끌지 않는 한 이러한 질문을 받아본 적도 없고, 크게 생각해볼 기회도 없다. 하지만 이제 마이크로소프트에서는 리더뿐만 아니라 전 직원이 반드시 대답해야 할 질문이다.

처음에는 나를 포함해 내가 이끌고 있는 팀원들도 비슷했다. 팀 매니저가 일방적으로 성과를 평가하는 형태가 아니라 각자 자신의 지난 분기를 되돌아보고 3개 원의 기준에 맞게 일한 내용을 기술해야 한다. 매니저는 일대일 미팅과 코칭을 통해 직원이 기술한 내용을 함께 검토하고 부족한 부분은 앞으로 어떻게 개선해나갈지 협의한다.

그러한 협의들을 1년 내내 하고 매니저들이 모여 개선된 정도에 따라 각 팀원들을 절대평가 방식으로 평가하고 의견을 나눈다. 이렇게 결정된 성과는 해당 팀원에게만 철저히 비밀리에 공유되어 서로의 성과를 비교할 수 없도록 한다. 오로지 스스로 과거의 자신을 끊임없이 되돌아보고 성장 마인드셋으로 영향력을 발휘했는지 검토하고 개선해나가도록 하기 위함이다. 이 과정에서 매니저는 철저히 코치의 역할을 한다. 개인과 팀이 조화롭게 성장할 수 있도록 돕는 '텃밭 관리인'과 같은 역할이다.

내가 리전 매니저가 된 첫해, 중국에 있는 팀원의 성과 평가 기술을 보고 깜짝 놀랐다. 그의 성과는 A4 용지 5장에 걸쳐 세세하게 기록되어 있었다. 그런데 다른 팀원이나 팀 전체 혹은 회사에 어떤 기여를 했는지는 어디에도 없었다. 자신의 성과는 수십 줄에 걸쳐 기록한 반면 팀이나 다른 사람의 성공에 어떤 기여를 했는지는 마지막 1~2줄이 전부였다. 3개의 원을 조화롭게 달성해야 하는데 균형이 깨져 있었던 것이다.

우리는 몇 분기에 걸쳐 다른 사람의 성공에 기여할 수 있는 다양한 방법을 함께 의논했다. 중국에서 진행된 행사가 잘되었다고 하면 어떤 부분이 왜 잘되었는지 검토하고 분석하여 다른 팀원들이 벤치마킹을 할 수 있도록 리포트를 작성해보면 어떻겠냐는 제안을 하기도 했다. 그런데 몇 분기가 지나도 자신의 성과에만 집중하고 다른 팀원들과의 협력은 등한시했다. 다른 팀원들이 자발적으로 자신의 성과뿐만 아니라 팀의 성과를 위한 프로젝트를 만들고 참여할 때도 시큰둥했다. 평생 자신의 성과를 최우선 순위로 일해온 습성을 하루아침에 버리기 힘들어 보였다.

결국 해당 팀원에게 좋은 평가를 주기 어려웠다. 개인의 성과는 초과 달성했지만 다른 사람이나 팀의 성공에 기여한 바가 매우 적었기 때문에 약간의 연봉 인상 외에 기대하는 보너스나 주식을 줄 수는 없었다.

놀라운 것은 그다음 해였다. 그 팀원은 성과 평가에 충격을 받았는지 다른 팀원들이 어떻게 하는지 열심히 살펴보기 시작했다. 자신이 달성해야 하는 성과 이외에도 팀이나 조직의 성장을 위해 필요한 것이 무엇인지 적극적으로 찾고 여러 프로젝트에 자발적으로 참여하기 시작했다. 다양한 프로젝트에 기여하면서 배운 내용들을 중국 고객을 위한 프로젝트에도 적용하기 시작했다. 그녀에게 도움을 받은 다른 팀원들의 칭찬이 내부 피드백 툴을 통해 나에게도 전달되었다.

그녀는 바로 세 번째 원을 성실히 이행해가면서 자신의 영향력을 점차 확대하는 방법을 익혔다. 다른 사람들의 아이디어와 노력을 바탕으로 내 문제를 해결하고 결과를 만드는 것이다. 동료들과 단단하고도 유연한 파트너십을 만들고 그것을 통해 자신의 성과를 높이는 것은 물론 다른 사람들의 성공에도 기여하는 방법을 자연스럽게 터득하게 되었다.

조금 철학적이고 추상적인 마이크로소프트의 직원 평가에 많은 이들이 놀라워할 것이다. 나와 직원들 또한 이러한 평가 방식에 처음부터 적응할 수 있었던 것은 아니다. 하지만 해를 거듭하면서 2가지 평가 기준을 고민하고 실제로 적용해본 결과 놀라운 성장의 경험을 하고 있다. 팀원들과 회사의 성장도 놀랍지만 나 자신의 성장과 변화는 훨씬 더 크고 놀라웠다. 나에게 찾아온 성장의 과정은 과연 어떠한 모습이었을까?

공존, 회사에서의 성장을
개인의 성장으로

○   처음에는 '성장 문화'로의 변화를 회사에서 의례적으로 하는 구호 정도로 생각했다. 때마다 비전 선포나 전략 방향 수립은 늘 있었기 때문이다. 하지만 정기적인 성과 평가 프로세스를 통해 매번 평가를 받기 전에 그리고 팀원들을 평가할 때마다 깊이 고민하다 보니 조금씩 변화가 느껴졌다. 더구나 내 삶의 자세를 계속 돌아보고 수정해나가는 데도 중요한 지표가 된다는 것을 느꼈다. 특히 진정한 성장이란 무엇이고 '성장 마인드셋'이 얼마나 큰 변화를 가져오는지 절실히 느끼게 되었다. 왜 우리는 성장해야 하는가? 성장의 의미는 무엇일까?

흔히 성장이라고 하면 아이들을 떠올린다. 중년의 성장, 노년의 성장이라는 말은 잘 하지 않는다. 하지만 우리는 아이일 때만 성장하는가? 성장이 꼭 뼈와 살 혹은 두뇌의 성장만을 의미하는가? 일정 시간이 지나면 우리 육체는 성장을 멈춘다. 그리고 성장하는 데 걸린 시간보다 훨씬 긴 시간을 서서히 노쇠해간다. 육체만 놓고 보면 그렇다는 것이다. 하지만 내면의 성장은 눈에 보이지도 않고 정해진 수순으로 진행되지도 않는다. 사람마다 천차만별이며 나이와 성별이 같다고 비슷하지도 않다.

거스를 수 없는 육체의 노화와는 달리 내면의 성장은 의지에 달려 있기 때문에 얼마든지 역행할 수 있다. 같은 70세라 하더라도 내면의 성장을 이어가며 눈을 반짝이는 사람과 그렇지 않은 사람은 분명 차이가 있다. 내면의 성장이 있다면 우리는 육체의 노화와 상관없이 젊은 마음을 평생 죽을 때까지 유지할 수 있다.

그렇다면 내면의 성장은 어떠한 조건에서 이루어지는가? 육체의 성장은 일정한 시기에 필요한 영양소를 공급하면 저절로 이루어진다. 아이가 아무리 성장하지 않으려고 발버둥쳐도 반드시 뼈가 자라고 살이 붙어 어른의 몸이 된다. 하지만 내면의 성장은 결코 저절로 일어나지 않는다. 반드시 의식적인 노력이 수반되어야 한다. 내면의 성장을 계속해나가겠다는 의지도 필요하다. 그렇다면 내면의 성장을 이어가기 위해 어떤 노력을 해야 할까?

'사람은 누구나, 언제, 어디서나 성장하겠다고 마음만 먹으면

성장할 수 있다.'

캐럴 드웩 교수의 성장 마인드셋을 한 줄로 설명한 것이다. '성장하겠다고 마음먹는다는 것'의 반대말은 '하던 대로 계속하는 것'이다. 성장하기 위해서는 일단 하던 대로 계속하는 것을 멈춰야 한다. 그리고 의식적인 노력과 의지를 발동하여 성장하는 방식을 찾기 위한 질문과 배움을 시작해야 한다. 적극적인 배움의 자세는 문제를 보는 태도도 크게 바꾼다. 다음은 이와 관련하여 사티아 나델라 회장이 직접 쓴《히트 리프레시 Hit Refresh》(흐름출판, 2018)에 소개된 일화이다.

문화를 바꾸는 열쇠는 개개인의 성장, 임파워empower에 있다. 우리는 때때로 어떤 일을 진행하면서 자신이 해야 하는 일에 대해서는 과소평가하고 다른 사람이 해야 하는 일에 대해서는 과대평가한다. 직원들이 참석하는 Q&A 시간에 어떤 직원이 내게 물었다.

"제 휴대전화로 문서를 출력하지 못하는 이유가 무엇입니까?"

나는 그 질문이 못마땅했지만 정중하게 대답했다.

"당신이 원하는 일이 일어나게 하십시오. 모든 권한이 당신에게 있습니다."

우리는 여러 가지 문제를 발견하지만 그것을 내가 해결해야 한다고 생각하지 않는다. 나에게 그만한 권한이 없다고 생각하는 소극적인 자세를 지니고 있기 때문이다. 이러한 소극적인 자세는 무언가 시도하고 실패할 기회를 앗아간다. 당연히 개선에 필요한 비평을 들을 기회도 없다. 내면의 성장을 위한 기회 자체를 만들지 못하는 것이다. 어제와 같이 오늘을 살고, 남들이 정해놓은 기준에만 맞추려 애쓰며 서서히 노화되어 간다.

나 또한 내가 가진 권한을 이해하지 못하고 삶의 많은 부분에서 소극적인 자세로 불평하며 살아가고 있다는 것을 깨달았다. 언젠가는 누군가 해결하겠지 하며 적당히 미루기도 했다. 하지만 내가 가진 권한을 깨닫고 성장 마인드셋을 좀 더 깊이 이해하게 되자 내면의 변화가 느껴졌다.

'그래, 언제까지 내가 사는 세상을 다른 사람이 멋지게 바꿔주기를 기다리기만 할 것인가? 우리 아이들이 살아갈 세상에 필요한 일이 있다면 내가 그 일이 일어나게 하자. 나에게 모든 권한이 있다고 하지 않는가?'

바로 이때 나에게 '성장하겠다고 마음먹는 순간', 즉 성장 마인드셋으로 전환되는 의식적인 변화가 일어났다. 서서히 노쇠해가던 몸과 마음에 일시 멈춤의 순간이 찾아왔다. 그리고 다음과 같이 내면의 성장을 위한 생각과 태도의 변화가 찾아왔다.

"매번 바뀌는 기술들, 이번엔 AI 야? 언제 또 그걸 다 배워. 이제 이 업계도 떠날 때가 되었나 봐."

→

"AI가 우리 사회와 미래를 크게 바꿀 거야. 내가 먼저 공부해서 사람들에게 알려줘야겠다. 우리 사회가 AI 세상을 미리 준비하고 대비할 수 있도록 마중물이 되어야겠어."

회사일만이 아니었다. 아이들을 교육하면서 부딪히는 문제들에 대해서도 비슷한 태도의 변화를 가지게 되었다.

"그렇게 힘들여 인서울 대학을 들어가도 취업률이 이렇게 낮다니. 아니, 내가 학교 다닐 때나 지금이나 학교 교육은 왜 이렇게 변한 게 하나도 없는 거야?"

→

"앞으로 아이들이 살아갈 세상에는 생각하는 힘, 타인과 교류하고 협동하는 힘이 무엇보다 중요한데, 현재 학교 교육은 그러한 변화를 따라가지 못하고 있어. 어떻게 하면 내가 그러한 교육의 변화를 만들어낼 수 있을지 공부하고 관련된 사람들과 토론해봐야겠어."

다른 사람의 요구에 의한 변화가 아니라 내가 관심을 가지는 부분에 대한 변화였기에 성장하고자 하는 열망은 무엇보다 뜨거웠다. 휴가는 멋지고 좋은 곳에서 편히 쉬는 것이라고 생각해왔는데 이제는 내면의 성장을 위해 맘껏 공부하고 쓸 수 있는 시간으로 바뀌었다. 여름 휴가와 공휴일을 모두 쏟아부어 책을 쓰고 강의를 하고 나와 뜻을 같이하는 파트너들과 토론했다.

그러한 파트너들이 어디에 있든 신나게 찾아다니고 생각을 교류하며 배워나갔다. 또한 커뮤니티 리더십을 발휘하여 내가 배운 것을 소셜미디어로, 칼럼으로, 영상으로 열심히 나눴다. 그렇게 하루하루 성장을 이어가자 회사뿐 아니라 회사 밖에서도 나의 영향력이 커져갔다. 나 스스로 셀프 업그레이드 시스템을 든든히 구축해가고 있었던 것이다. 회사 안과 밖의 파트너들과 신나는 성장을 함께하면서 말이다.

마이크로소프트와 같이 오래되고 큰 회사도 직원 한명 한명에게 성장 마인드셋을 장착시키고 영향력을 발휘할 수 있는 사람으로 변화시키자 다시 기민하고 혁신적인 성장을 할 수 있었다. 나 자신의 변화를 통해 개인도 그렇게 할 수 있음을 깨닫는 데 그리 오랜 시간이 걸리지 않았다.

나는 성장하겠다는 마음을 먹고 하던 대로 계속하는 삶, 늘 만나던 사람만 만나는 삶을 탈피하고자 의식적인 노력을 기울였다. 또한 성장하는 방식을 찾기 위한 질문과 배움을 시작했다. 나 혼자만의 배움에서 그치지 않고 그 배움이 필요한 곳에 적극적으로 나누려고 노력했다. 그러자 더 많은 배움이 일어나는 선순환이 생겨났다. 이 과정에서 회사와 나는 파트너십 관계로 거듭났다. 이러한 경험을 토대로 혁신의 시대, 행복한 성장이 가능한 일터를 만드는 파트너십의 원칙들을 다음 장에서 소개하고자 한다.

성장 마인드셋으로 나의 영향력을 점점 키워나가고 있다

왼쪽 《홀로 성장하는 시대는 끝났다》의 중국어판
오른쪽 세바시(세상을 바꾸는 시간, 15분) 강연 모습

성공적인 파트너십을 만드는 4원칙

빠르게 변화해기는 고객과 시깅 환경에 대응하기 위해서는 기업 구성원들이 서로를 경쟁 관계로 여기지 않고 성장을 위한 파트너가 되어야 한다. 마이크로소프트는 직원들이 서로 성장 파트너가 될 수 있도록 성과 평가 제도부터 개선하고 이를 바탕으로 성장문화를 정착시키는 데 성공했을 뿐 아니라 결국 십수 년간 지속된 부진을 털어낼 수 있었다. 지금부터 이러한 변화의 시기를 겪으며 나 스스로 찾아낸 성공적인 파트너십을 위한 4원칙을 소개하고자 한다.

여기서 말하는 원칙들을 그대로 따라 하라고 주문하는 것은 아니다. 지금 우리 사회와 기업들이 갑작스럽게 맞이하고 있는 낯설고 혼란스러운 시대에 사람과 사람이 과연 어떤 관계를 맺어야 할지에 대한 제안의 하나로 받아들이면 된다. 그리고 자신의 환경과 배경에 맞는 파트너십 원칙들을 세워나가며 혼란스러운 시대를 함께 이겨나갔으면 하는 바람이다. 어둡고 혼란한 때일수록 나와 우리를 붙들어주는 관계의 힘이 더욱 소중하다. 어떠한 시대도 힘차게 살아낼 등대가 되어줄 파트너십을 함께 만들 수 있는 초석이 될 것이라 믿는다.

파트너십 제1원칙
: 서로의 비전을 공유하라

절망의 순간이 바로 비전을 고민할 기회

100미터 계주를 뛰듯 열심히 20대와 30대를 보냈다. 하루가 멀다 하고 쏟아지는 신기술, 새로운 경쟁자와 급변하는 시장을 늘 맞닥 뜨려야 하는 IT 업계에서는 회사도 직원도 단거리 선수가 될 수밖에 없다. 그렇게 맞이한 40대는 조금씩 몸도 예전 같지 않고, 일에 대한 열정도 심드렁해져갔다. 더 정확히 말하자면 아무리 열심히 노력해도 기술과 시장이 진보하는 속도를 내 능력으로는 따라갈 수 없다는 데서 오는 불안감이었다. 내 능력의 한계를 뛰어넘을 방법이 없다는 생각이 든 것이다. 요즘 말로 이른바 '현타(현실 자각 타임)'가 온 것이다.

언제까지 해마다 진행되는 구조조정에서 살아남는 1인이 될 수 있을 것인가? 언젠가는 더 쌩쌩한 부품으로 교체되겠지? 이러한 불안감은 두더지 게임의 두더지처럼 아무리 망치로 내리쳐도 불쑥불쑥 올라와 가슴 한편을 서늘하게 훑곤 했다. 그러한 불안감이 현실이 되기까지 그리 오랜 시간이 걸리지 않았다.

그날 아침 한 통의 메일을 받기 1년쯤 전이었다. 30대 초반의 호주 직원이 팀에 합류했다. 내가 관리하던 호주를 대신 맡아줄 그녀는 마이크로소프트와 같이 큰 규모의 회사는 처음인 참한 금발의 친구였다. 그녀에게 호주와 뉴질랜드의 관리를 맡기고 나는 한국과 동남아시아를 새롭게 맡아 사업을 키워야 했기에 그녀의 멘토가 되어 성신껏 시도하며 도와주었다.

그렇게 그녀도 나도 열심히 일하던 어느 날, 툭! 소식 하나가 날아들었다. 늘 그러하듯 그날도 한 손에 커피를 들고 밤새 전 세계에서 날아든 메일들을 빠르게 스캔하고 있었다.

"○○일을 기점으로 라나 몽고메리Lana Montgomery를 아시아 리전 매니저로 임명합니다."

그랬다. 나보다 열 살이나 어린 그녀가, 내가 멘토링한 금발의 그녀가 내 매니저가 된다는 소식이었다. 아니, 어째서 이런 결정이 내려진 거지? 내가 뭘 잘못했지? 그동안 성과가 높다며 특별 교육까지 보내준 것은 뭐지? 앞으로 나는 어디로 가야 하지?

끝도 없는 질문이 꼬리에 꼬리를 물고 이어졌다. 생각이 많으면 잠이 잘 오지 않는다. 밤새 뜬눈으로 이런저런 생각을 하다 보면 낮에는 멍해진다. 밤에는 잠 못 이루고 낮에는 멍한 날들이 이어지면 기력이 급격히 쇠하고, 급기야 마음의 감기라고 하는 우울증이 찾아온다. 그렇게 가슴 한편에 웅크리고 있던 불안감이 어느 날 갑자기 현실이 되었다.

정말 좋은 인간관계, 오래가는 단단한 파트너십을 만들기 위해 가장 많이 공감하고 경청하며 세밀하게 관찰해야 할 사람은 그 누구도 아닌 바로 나 자신이다. 나에 대한 파악, 나라는 사람에 대한 메타인지가 정확하고 정교해야만 뚜렷한 비전을 세우고 그에 맞는 파트너십도 찾아낼 수 있다. 애자일 조직에 가장 적합한 인재도 자신을 정확하게 파악하고 회사와 조직의 비전을 자신의 비전과 잘 조절해나갈 수 있는 사람이다.

하지만 앞만 보고 열심히 내달려야 하는 팍팍한 현실 속에서 나를 관찰하고 이해할 수 있는 기회를 가지기란 쉽지 않다. 아이러니하게도 나에게 갑자기 찾아온 우울증이 이런 기회를 선물했다. 빠르게 흘러가던 모든 것이 멈추고 나를 깊이 들여다볼 수 있는 시간을 선사한 것이다.

뒤돌아보니 갑작스럽기는 하지만 인생 중반에 나를 알아가는 시간을 갖게 된 것은 크나큰 축복이었다. 앨리스에게 어디로 가길 원하는지 묻는 체셔캣과 같이 열 살 어린 라나의 승진은 내가 어떤 삶을 살아가고 싶은지 묻고 있었다.

그동안 세상이 어떻게 바뀌고 있는지, 내가 가고 싶은 길은 어디인지 생각할 겨를도 없이 바쁘게만 내달렸다. 목표가 주어지면 달성하는 데만 온 신경을 집중했다. 하지만 갑자기 목표물이 시야에서 사라지고 끝없는 안갯속에 혼자 남겨졌다. 그제야 나는 내 삶의 목적도 없이 그저 체셔캣이 이끄는 대로 이리저리 흔들리며 커졌다 작아졌다를 반복하며 살아왔다는 자각을 하게 되었다.

내 삶의 목적과 원칙을 세울 때 보이는 나의 비전

인생 상반기에는 일하지 않는 나를 상상해본 적이 없을 정도로 일은 내 삶에 중요한 요소였다. 늘 일하는 사람들에 둘러싸여 있었고 가까운 친구들도 모두 일을 하고 있었다. 부모님도 아직 일을 하고 계시며 나 또한 그럴 거라고 믿어 의심치 않았다. 하지만 일이 고달프고 힘들며 지루할 때도 많았다. 특히 아이들이 커가면서 일을 하는 것에 대한 고민이 커졌다. 아이들을 살뜰하게 보살피면 장래가 더 밝아지지 않을까? 일이 너무 힘들 때면 이 짧은 인생 일만 하다 죽으면 억울하지 않을까 하는 자기 합리화가 불쑥 솟구칠 때도 있었다. 특히 열 살 어린 후배를 매니저로 모셔야 하는 상황에서 몸도 마음도 지쳐 모든 것을 놓고 싶었다.

내 일에 대한 의미를 찾아야 했다. 고생스럽고 힘든데도 왜 나는 일을 해야 하는가? 일을 한다는 것은 어떤 의미를 가지는가? 나보다 앞서간 사람들의 지혜를 얻고자 책을 찾아 읽었다. 긴 시간 동안 깊은 성찰을 거친 끝에 일을 하며 계속 나아가는 이유가 단순히 돈 때문만은 아님을 깨달았다.

일을 업으로 승화시킬 때 일은 나를 넘어 사회에까지 사랑을 전달하는 숭고한 무엇이다. 내가 정성을 다하고 최선을 다해 누군가의 필요를 채워줌으로써 이웃과 가족에 대한 사랑을 실천하는 것이다. 그곳에 사랑이 있다면 고생이 바로 행복이다. 나는 내 업을 통해 나와 이웃이 행복해지는 길을 가기로 결심했다.

일은 그때그때 상황에 따라 바뀐다. 회사와 조직의 목표에 따라 올해는 이런 일을, 내년에는 저런 일을 한다. 나 또한 온라인 서비스의 프로덕트 마케팅 매니저, 인플루언서 매니저, 아시아 리전의 피플 매니저를 거쳐왔고, 앞으로 어떤 일을 맡게 될지 아무도 모른다. 일에 따라 내 정체성이 흔들리며 살다 보면 어느 순간 내 삶의 주체가 내가 아닌 일을 준 사람이나 조직이 되어버린다. 내 삶인데도 눈치를 보며 살게 된다. 그러다 어느 날 일이 나를 버리면 나라는 존재의 가치도 바닥으로 내동댕이쳐지는 것이다.

업은 다르다. 일 너머에 있는 본질이다. 업이란 내가 일을 함으로써 본질적으로 어떤 가치를 만들어내는가에 대한 답이다. 일을 통해 나는 회사에 어떠한 가치를 제공하고 있으며 회사는 또한 세상(고객)에 어떤 가치를 제공하고 있는가? 업을 잘 수립하면 내 인생의 목표도 수월하게 정립된다. 일이 바뀌거나 혹은 없어져도 내 업, 내 인생의 목적, 나의 가치는 사라지지 않는다.

그동안 나는 연간 계획을 수립하고 예산을 집행하며 기획안을 만들고 캠페인을 진행하고 본사와 지사를 연결하는 커뮤니케이션을 끊임없이 해왔다. 이러한 일은 어느 정도 숙달되면 누구나 할 수 있기 때문에 얼마든지 대체 가능하다. 그 사실을 잘 알기에 해가 거듭될수록 불안감이 점점 커져간 것이다.

하지만 이것이 내 일의 본질인가? 내가 회사에 제공하는 가치가 이것밖에 없는 것일까? 이 많은 일들을 끊임없이 하는 궁극적인 이유는 무엇인가? 수많은 일 중에 내가 정말 행복하고 열정을 쏟는 일은 무엇인가? 회사는 내 일을 통해 어떤 가치를 고객에게 전달하고자 하는가?

수많은 질문과 고민 끝에 내 일은 사람을 성장시키는 일이라는 것을 알게 되었다. 나는 대한민국 방방곡곡을 넘어 아시아와 호주로 커뮤니티 리더들을 찾아다니며 마이크로소프트의 기술을 더잘 사용할 수 있도록 지원했다. 마이크로소프트는 내 일을 통해 디지털 혁신에 필요한 인재들을 길러내고, 그러한 인재들은 기술 커뮤니티와 산업계에서 영향력을 발휘한다. 이것이 바로 내 일의 본질적인 가치다.

그동안 나는 너무나 많은 것을 모르고 있었다. 디지털 혁신에 대한 이해도 깊지 못하고 그에 필요한 인재의 유형도 파악하지 못했다. 본사에서 내려온 정보들은 서양의 관점으로 정의를 내린 것이므로 내가 살고 있는 한국이나 아시아의 상황에 맞지 않는 부분도 많았다. 기술 커뮤니티나 산업계의 변화에 대한 고민도 필요했다. 회사가 나를 전문가로 계속 고용하려면 이러한 전략적인 판단을 스스로 할 수 있어야 했다. 지역 책임자로서 내 일의 가치를 높여 회사에 최선의 결과를 가져다주어야 했다.

이렇게 정의된 일의 가치를 업이자 삶의 비전으로 높이는 것도 필요했다. 회사를 떠나서도 나를 일으켜 세울 내 업은 무엇인가? 특정 회사나 산업을 떠나서도 내 가치를 스스로 만들 수 있는 그 지점에 대한 고민이었다. 결국 나의 비전은 급격한 디지털 혁신으로 혼란스러운 미래에도 사람들이 행복한 성장을 할 수 있도록 돕는 일로 귀결되었다. 이렇게 일을 업의 수준으로 높이자 그동안 보이지 않던 많은 것들이 보이고 시류에 흔들리지 않는 단단한 마음이 생겨났다. 이제 어느 날 갑자기 나무 위의 체셔캣이 나에게 어디로 가고 싶냐고 물어보면 자신 있게 대답할 수 있을 것만 같았다.

다음은 내 삶의 원칙을 세워야 했다. 그러기 위해서는 내가 좋아하는 것이 무엇인지, 싫어하는 것은 무엇인지 예민하게 관찰해봐야 했다. 그동안 내 욕구보다는 언제나 회사에서의 역할, 엄마로서의 역할 등 응당 해야 할 일들에 집중해왔다. 지금은 그러한 역할을 생각하며 우물쭈물할 때가 아니었다. 오롯이 나에게 집중하여 이 안갯속을 빨리 빠져나와야 했다.

내가 싫어하는 것은 의외로 쉽게 발견할 수 있었다. 그동안 나와 공감대가 형성되지 않지만 외로움을 피하려고 혹은 아이가 원해서 참여하던 모임이 있었다. 심지어 몇 시간을 꼼짝도 하지 않고 앉아서 공감되지 않는 이야기를 끝없이 나누는 것이 나를 무척이나 힘들게 했다.

TV도 비슷한 역할을 했다. 집 안 한가운데서 이리저리 채널을 돌리는 대로 가족들의 관심을 빼앗고 있었다. 나 또한 멍하니 보다 어느새 몇 시간이 흘러버렸다. 의미 없이 시간을 보내고 자책하는 모습도 내가 싫어하는 것이었다.

우선 싫어하는 것들을 끊어버려야 했다. 하지만 단칼에 끊기는 너무도 어려웠다. 그래서 내가 싫어하는 것들과의 작별을 위해 궁여지책으로 이사를 선택했다. 가족들을 설득하는 과정이 쉽지는 않았지만 나를 바로 세우는 일은 그만큼 나에게는 절박한 일이었다.

싫어하는 것들을 끊고 나니 시간과 여유가 생겼다. 자연스럽게 그 공백을 내가 좋아하는 것들로 채워나갔다. 그러면서 내가 좋아하는 것들이 무엇인지 알게 되었다. 나는 산과 바다 등 자연을 사랑하고 등산, 자전거 타기, 산책 등 몸을 움직일 때 행복한 사람이다. 그리고 나와 공감대가 형성되는 사람과 교류하는 것을 정말 좋아한다.

이러한 과정에서 내 삶의 원칙을 세울 수 있었다. 바로 '나다움을 잃을 필요는 없다'는 것이다. 나다움을 잃고 시류에 흔들리거나 억지로 다른 사람이 되려고 애쓸 때 마음에 병이 온다는 것을 깨달았다. 조금 어렵더라도 나답지 않은 것에는 '아니요'를, 내가 좋아하는 일에는 적극적으로 '네'를 외치는 삶을 살겠다는 원칙을 세웠다.

내 삶의 목적과 원칙이 세워지자 드디어 안개처럼 흐릿했던 시야가 밝아지는 것을 느꼈다. 드디어 내 인생의 비전이 보이기 시작했다. 내면의 관찰과 깊은 사유를 통해 스스로에 대한 이해가 깊어지니 상황은 똑같은데도 모든 것이 다르게 보였다.

열 살 어린 라나도 다르게 보였다. 그녀의 훌륭한 인성과 효율적이면서도 따뜻한 리더십이 보이기 시작했다. 나를 파악하면서 알게 된 나의 부족한 부분을 그녀가 멋지게 채워줄 수 있다는 것도 깨달았다. 마찬가지로 그녀를 어떻게 도와야 할지도 알 수 있었다. 드디어 나를 한 차원 더 성장시키는 성숙한 파트너십의 토대가 만들어진 것이다. 전에는 볼 수 없었던 멋진 파트너십이 내 눈앞에 펼쳐졌다.

공감하고 경청할 때 보이는 상대방의 비전

어느 날 딸과 함께 커피숍 로비에 놓인 멋진 꽃다발을 놓고 생화인지 아닌지 맞추는 내기를 했다. 딸은 자신 있게 생화라고 했고, 나는 자신 있게 조화라고 했다. 물이 담긴 꽃병에 꽂힌 생기 있고 아름다운 꽃다발은 조화인지 생화인지 분간하기 어려웠다. 게다가 그 공간을 가득 채운 커피 향 때문에 꽃향기도 맡을 수 없었다.

한참 자신이 옳다고 우기는 딸아이에게 가까이 가서 살펴보라고 했다. 역시 진짜 꽃이라는 답이 돌아왔다. 그럼 이번에는 아주 작은 꽃잎 하나를 손톱으로 찍어보라고 했다. 상처가 나면 생화이고 상처가 나지 않으면 조화라고 일러주었다. 딸아이는 손가락으로 아무리 세게 눌러도 상처가 나지 않는 것을 보더니 그제야 "정말 가짜 꽃이네"라고 말했다.

"엄마는 가짜 꽃인지 어떻게 알았어?"

"다시 한 번 자세히 봐봐. 어디에도 상처가 없잖아? 시든 곳도 없고? 모든 살아 있는 것은 상처가 있고 아픔이 있어. 가짜는 모두 싱싱하고 예쁘기만 하지. 그래서 가짜인 걸 알 수 있는 거야."

작은 벤처기업에서 사회생활을 시작해 마이크로소프트 본사 팀에 소속되어 수많은 사람들과 부딪히며 깨달은 한 가지는 '모든 사람은 각자의 상처와 아픔, 그리고 내밀한 두려움이 있다'는 것이다. 아무리 승승장구하는 사람도 세심하게 들여다보면 살아 있는 사람이기에 가지는 아픔이 있다.

마이크로소프트의 사티아 나델라 회장을 포함하여 본사의 높은 분들은 자신의 상처나 아픔을 직원들과 나누는 것에 전혀 거리낌이 없다. 오히려 적극적으로 공유한다는 느낌도 든다. 지금 일하는 팀으로 옮겨 와 처음 부서의 제너럴 매니저(사장급)를 만났을 때가 아직도 기억난다.

"내 소개를 할게. 나는 아이가 둘, 아내도 둘이야. 물론 한 명은 전 아내이지만."

또 다른 디렉터는 이혼한 아내와 살고 있는 아들이 잘못된 선택을 하여 그를 구하러 가는 여정을 거의 리포트처럼 써서 팀원들과 나누기도 했다. 이러한 분위기가 언제부터 형성된 것인지 정확하게 기억나지 않는다. 하지만 자신의 아픔을 드러내는 것으로는 사티아 회장이 압권이다.

많은 사람들이 이미 알고 있듯이 빌 게이츠와 스티브 발머 전 회상은 모두 하버드 대학교 출신에 회사 창립 멤버로서 마이크로소프트에서 최고의 리더가 되는 것은 일견 당연한 일이었다. 하지만 사티아 회장은 인도의 평범한 공과대학 출신에 마이크로소프트에 신입사원으로 입사했다. 모든 사람들이 그가 회장이 된 것을 의아해하고 있을 때였다. 처음으로 전 직원을 만나는 자리에서 그는 자신의 가장 큰 아픔을 공유했다.

"저에게는 선천적인 장애로 걷지도 말하지도 못하는 아들이 있습니다. 저는 이런 아들도 이 세상에서 무언가 성취하는 기쁨, 인간으로서의 가치를 찾아가는 것을 돕는 소프트웨어를 만들기 위해 매일 즐겁게 출근합니다. 여러분은 어떤 꿈이 있으신가요? 그 꿈을 회사의 비전과 연결하여 저와 같이 행복하게 일할 수 있길 기원합니다."

AI 시대가 도래하면서 인간과 기계를 비교하는 경우가 많다. 하지만 기계는 상처도 없고 아픔도 없다. 가짜 꽃처럼 예쁘고 멋지지만 사람들에게 감동을 주지 못한다. 사람만이 자신이 가진 약점과 아픔을 나눔으로써 다른 사람을 보듬고 위로하며 더 큰 감동의 이야기를 만들어갈 수 있다.

아무런 흠 없이 완벽하게 보이려고 많은 에너지를 쓰지 않아도 된다. 마찬가지로 다른 사람의 보이지 않는 상처와 아픔에 대해 경청하고 공감하는 힘이 필요하다. 거기에서 바로 파트너십 제1원칙인 나의 비전과 상대의 비전을 꿰뚫어볼 수 있는 본질적인 힘이 나온다. 상대방과 내가 입으로 만들어내는 번드르르한 비전이 아닌, 진정성 있고 무궁한 에너지가 나오는 본질적이고 날것 그대로인 비전 말이다.

파트너십 제2원칙
: 상호 호혜의 원칙

상호 호혜란? 서로가 서로를 위해 기여할 수 있는 것

열 살 어린 라나가 매니저가 되고 많은 팀원들이 떠나면서 극심한 혼란을 겪던 나의 내면은 새로운 비전과 함께 편안한 상태가 되어 있었다. 나에게 일을 한다는 것은 이제 완전히 다른 의미였다. 일은 내가 업을 이루고 비전을 실현하는 데 매우 소중한 요소였다. 본질적인 가치를 생각하면서 일을 하니 내가 하는 인플루언서 매니징도 매우 중요한 일처럼 느껴졌다.

놀라운 것은 회사와 동료들이 내 성장의 파트너로 여겨지기 시작했다는 점이다. 그동안 회사는 언제 잘릴지 모르는 불안한 곳, 동료는 더 좋은 성과를 내야 한다는 압박감을 주는 존재였다. 하지만 이제는 회사가 세상 어디에서도 찾을 수 없는 훌륭한 성장 플랫폼으로 여겨졌다. 물론 사티아 회장 이후에 새롭게 등장한 성과 평가

지표도 이러한 변화에 불을 지폈다.

이제 마이크로소프트의 모든 직원들은 언제 이디서든 성장할 수 있다고 믿는 '성장 마인드셋'을 장착하지 않으면 안 되었다. 그리고 내 성과만을 생각하고 다른 이들의 성과는 신경 쓰지 않던 관행도 완전히 버려야 했다. 이제 다른 사람, 타 부서의 성공에 반드시 기여할 수 있어야 하며, 다른 사람들의 일과 아이디어, 노력을 활용해 내 성과를 올릴 수 있어야 했다. 일을 하면서 나의 영향력을 늘 고민해야 했다.

회사의 비전과 내 비전이 일치하고 동료와 상사가 훌륭한 성장 파트너로 인식되자 나의 성과와 성장도 빠르게 올라갔다. 신기한 일이었다. 경쟁하지 않고 도우려 했을 뿐이었다. 나의 성장만큼 내 동료, 내 부서, 더 나아가 회사와 고객, 그 모두가 속한 사회의 성장을 돕기 시작하자 나의 성장이 더 빠르게 일어나는 것이었다. 그러던 어느 날 라나가 나에게 일대일 미팅을 요청했다.

"소영, 네가 아시아 리전을 맡아주면 좋을 것 같은데 네 생각은 어때?"

얼마 전까지만 해도 열 살 어린 후배가 내 매니저가 되어 회사를 떠나야 하는 게 아닌가 고민하던 내가 팀장으로, 그것도 리전 매니저로 승진할 기회를 얻은 것이다.

"라나, 정말 고마워. 내가 우리 팀에 좀 더 기여할 수 있는 기회를 줘서 얼마나 고마운지 몰라. 최선을 다해볼게. 부족한 부분이 많겠지만 너의 도움을 받아가며 조금씩 나아갈게."

우리의 파트너십은 이렇게 시작되었다. 라나는 글로벌 리더로, 그 다음에는 글로벌 인플루언서 그룹의 디렉터로 승승장구하며 나날이 성장하고 있다. 물론 나 또한 그녀에게 많은 것을 배우며 더 큰 성장을 이어가고 있다.

내가 제공할 수 있는 혜택은 무엇인가요?

아시아 리전은 한국과 동남아시아, 인도, 호주와 뉴질랜드, 중화권과 일본을 포함한 광대한 지역이다. 언이와 문화가 시로 다른 것뿐만 아니라 서구권과도 확연히 구별되는 독특한 지역이다. 다행히 중국과 일본은 대학 시절부터 개인적으로 관심이 많았기에 기회가 될 때마다 어학연수도 가보고 단기간 현지에서 일을 해보기도 해서 이해도가 높은 편이었다. 호주와 뉴질랜드는 내가 매니징을 해본 지역으로 큰 부담이 없었다. 문제는 인도였다.

인도는 나에게 미지의 나라였다. 물론 회사에 인도 사람들이 많이 있었지만 함께 일해본 적은 없었다. 그래서 인도 사람들의 영어와 문화가 낯설기만 했다. 게다가 영어를 사용하는 인도 MVP들은 뭔가 불만이 생기면 바로 사티아 회장에게 메일을 쓸 만큼 제대로 관리하지 못하면 문제가 심각해질 수 있는 화약고와 같은 지역이었다.

인도는 딜리파Dilipa라는 팀원이 관리하고 있었다. 그런데 문제는 전임자가 남긴 딜리파의 성과 평가였다. 자신의 역할을 잘 이해하지 못하고 맡겨진 업무를 제시간에 해내지 못한다는 평가를 2년 연속 받고 있었다. 나와 일하면서도 이런 평가를 한 번 더 받는다면 회사를 떠나야 할 상황이었다. 내가 잘 알지 못하는 나라에 화약고와 같은 위험 요소를 안고 있고, 심지어 문제가 있는 담당자가 매니징을 하고 있는 지역을 맡게 된 것이다. 처음 리전 매니저가 된 나에게 큰 도전 과제가 아닐 수 없었다.

딜리파와 미팅을 해보니 그의 문제는 어렵지 않게 파악할 수 있었다. 인도 사람들은 영어를 거의 모국어처럼 사용하고 특유의 악센트로 매우 빠르게 많은 이야기를 하는 것이 특징이다. 그들과 미팅을 하면 아시아계 사람들은 백발백중 꿀 먹은 벙어리가 된다. 영어가 그렇게 빠르지도 않은 데다 그들과 다른 교육 환경에서 자라 발언할 기회를 찾지 못하고 머릿속으로 이런저런 생각을 하다 미팅이 끝나 버리는 것이다.

딜리파도 끊임없이 이런저런 아이디어를 제안하고 언제까지 구체적인 계획서를 제출하겠다고 이야기하곤 했다. 문제는 약속한 날짜를 지킨 적이 단 한 번도 없다는 것이었다. 자신이 제안한 날짜뿐만이 아니었다. 데드라인이 정해진 플래닝 자료, 시장조사 결과 등도 마찬가지였다.

몇 번 데드라인을 연장해주면서 스스로 변화하길 기다렸다. 이야기를 들어보니 데드라인을 놓칠 수밖에 없는 상황도 있었다. 하지만 아무리 훌륭한 제안을 하는 똑똑한 직원이라도 신뢰는 결코 간과해서는 안 될 가장 중요한 덕목이다.

서로 멀리 떨어져 있고 중요한 의사 결정도 현지에서 할 수 있도록 권한을 많이 주기 때문에 믿을 수 있는 직원을 임명하는 것은 피플 매니저의 가장 큰 책임 중 하나이다. 내 앞에는 2가지 선택이 놓여 있었다. 몇 번의 기회를 주었고 이미 전임 매니저도 손을 든 상황이었으니 딜리파의 퇴사 절차를 밟으면 될 터였다. 그리고 신뢰할 수 있는 적임자를 임명하는 것이 가장 납득할 만한 결정이었다.

하지만 나는 그 결정을 나중으로 미루기로 했다. 나 스스로 민든 비전을 다시 되짚어보았기 때문이다. 사람을 성장시키는 것을 내 비전으로 삼고 있었기에 딜리파를 성장시켜 보기로 마음먹었다. 그러기 위해서는 먼저 딜리파를 위해 더 많은 시간을 할애하고 더 많은 이야기를 나눠보기로 했다.

파트너십 제1원칙은 서로의 비전을 확인하는 것이다. 우선 딜리파의 내면에 숨겨진 상처와 아픔이 무엇인지 찾아내고 그것에 공감하는 것이 필요했다. 그런 이후에 그의 삶의 목적과 비전을 이해하고 그에게 숨겨진 달란트를 찾아주기 위한 여정을 떠나야 했다. 그것이 내가 딜리파에게 줄 수 있는 혜택이었다.

파트너십 제2원칙인 상호 호혜의 원칙은 내가 상대방과의 파트너십을 위해 어떤 혜택을 제공할 수 있는지 알고 상대방도 그것이 필요하다는 것을 확인하는 일이다. 딜리파와의 파트너십을 구축하기 위해 내 모든 역량을 동원하여 그가 성장할 수 있는 혜택을 먼저 제공하기로 했다. 사람은 누구나 숨겨진 자신만의 달란트가 있음을 믿는다. 누군가 찾아내 주길 기다리는 숨겨진 보석처럼 말이다. 상호 호혜의 원칙을 이루기 위해 딜리파가 숨겨놓은 보석을 찾아 떠나는 여정이 시작되었다.

파트너십 제3원칙
: 코칭하고 피드백을 나눠라

코칭과 피드백의 힘

사티아 회장이 부임하고 또 하나 바뀐 것은 매니저의 역할 변화라고 할 수 있다. 애자일 경영 체제로 전환하면서 피플 매니저는 더 이상 지시하고 팀원들을 이끄는 역할을 하는 사람들이 아니었다. 이제 팀원의 개성과 특장점을 찾아내 부족한 점은 보완하고 장점은 더욱 강화할 수 있도록 돕는 코치의 역할을 부여받았다. 그래야 직원 개개인이 내부의 보고 체계보다 고객에게 더욱 정성을 다하는 진정한 애자일 경영이 가능하기 때문이다.

회사는 매니저가 이런 코치 역할을 잘해낼 수 있도록 각종 교육을 제공한다. 무엇보다 기존의 고성과자를 피플 매니저로 뽑던 관행에서 탈피하여 코치로서 역할을 훌륭하게 해낼 수 있는 사람들을 피플 매니저로 뽑기 시작했다.

이제 딜리파에 대한 나의 코칭이 시작되었다. 우선 그의 문제점을 확실히 인지시킬 필요가 있었다. 다만 강압적인 분위기가 연출되지 않도록 세심하게 심혈을 기울였다. 딜리파에게도 내 아들 또래의 아들이 하나 있음을 파악하고 우선 거기서부터 대화를 이어나갔다.

이야기를 하다 보니 그의 아들도 내 아들처럼 정리를 잘하지 못하는 문제가 있었다. 공통적인 문제를 끌어낸 다음 내가 아들과 진행하고 있는 일주일 단위의 일정 체크 프로세스를 업무에도 적용해보자는 제안을 했다. 그러기 위해 먼저 해야 할 것은 무엇이 가장 중요한지 우선순위를 설정하고 합의하는 것이었다. 다행히 딜리파는 자신의 문제를 인지하고 있었지만, 그때그때 떠오르는 아이디어를 즉흥적으로 쏟아내고, 여기저기서 요청하는 미팅에 끌려다니느라 산만할 수밖에 없었던 것이다. 그의 일정이 뒤죽박죽된 가장 큰 원인은 무엇이 가장 중요한지, 현재 비즈니스 현황에서 그가 꼭 완료해야 할 업무가 무엇인지 스스로 우선순위를 파악하는 능력을 갖추지 못한 것이다.

몇 주에 걸쳐 정해진 시간에 우선순위를 점검하고 그가 설정한 일주일 단위의 일정들과 주요 데드라인을 검토해나갔다. 기존의 비즈니스 미팅처럼 딱딱하게 진행되지 않고 편안한 분위기에서 그의 이야기를 듣고 피드백을 전달했다. 조금씩 틀이 잡혀갔고, 그가 중구난방 제안하던 아이디어들도 비즈니스의 큰 틀과 맥락 안에서 새롭게 정리하는 방법을 터득해갔다.

　무엇보다 이 시간 동안 나는 그의 내밀한 아픔과 두려움을 경청하고 공감할 수 있는 기회를 얻었다. 그는 오랜 기간 아내의 히스테리와 폭력에 노출되어 있었다. IT 업계의 고위직인 그의 아내는 회사에서 받는 스트레스와 분노를 집에 와서 그대로 폭발시키는 습관을 고치려 들지 않았다. 딜리파는 아들 때문에 오랜 기간 참고 지내다 최근에서야 이 문제를 좀 더 적극적으로 해결할 수 있는 방법을 찾는 중이었다.

　내가 할 일은 그의 고통을 공감하고 지지해주는 것밖에 없었다. 그리고 꾸준히 그의 주간 우선순위표를 점검해나갔다. 그의 아이디어 중 의미 있는 것은 지원해주고 그렇지 않은 것은 더 이상 시간을 쓰지 않도록 피드백을 했다. 결국 동분서주하면서도 성과를 내지 못하던 그는 하나둘 의미 있는 성과를 내기 시작했다. 나는 그의 성과를 다른 팀원이 성공하는 데 좋은 발판이 되도록 열심히 공유했다.

　뒤돌아보면 특별한 조치를 하거나 대단히 멋진 솔루션을 제시한 것은 아니었다. 하지만 딜리파는 연신 나에게 고마움을 표했다. 개인적으로나 사회적으로 가장 외롭고 고독한 순간에 자신의 아픔을 경청하고 공감해준 것에 대한 감사였다. 또한 자신의 부족함을 질책하기보다 차근차근 이끌며 앞으로 그의 커리어 전반에 꼭 필요한 덕목을 완전히 내면화할 수 있도록 도와준 것에 대한 감사였다.

나 또한 딜리파의 성장이 감사했다. 이 과정에서 나 스스로에 대한 믿음이 생겼기 때문이다. 내가 세운 비전과 파트너십의 힘을 완벽하게 실현해볼 수 있었던 훌륭한 테스트베드였던 셈이다. 회사와 나, 상사와 나, 팀원과 팀장인 나도 서로의 성장을 돕는 멋진 파트너가 될 수 있다는 믿음이 생긴 것이다.

무한대의 성장 루프

딜리파와의 파트너십은 서로에 대한 신뢰와 자신감을 쌓는 것에서 끝나지 않았다. 전혀 예상하지 못했던 또 다른 지평을 열어주었다. 우리 부서에는 오랫동안 풀지 못한 문제가 하나 있었다. 우리 부서가 관리하고 있는 수천 명의 커뮤니티 리더들은 전 세계에 흩어져 각자 독립적이고 자발적으로 커뮤니티에 공헌하고 있다. 이들은 제품과 서비스에 대한 실질적인 피드백을 제공하는데 우리 회사의 제품 개발팀에 주요한 자산이다. 하지만 이들이 전 세계의 커뮤니티에 미치는 영향력이 지대함에도 불구하고 이를 구체적인 수치로 표현해낼 수 있는 뚜렷한 방법이 없어 애를 먹는 경우가 많았다. 특히 고객 데이터를 중심으로 의사 결정을 하는 애자일 조직에서는 이것이 크나큰 약점이었다.

그러던 중 타 부서의 임원이 서울을 방문했을 때 내가 우연히 컨퍼런스에 동행하게 되었다. 그와 이런저런 이야기를 주고받다가 큰 기대 없이 우리 부서의 문제를 공유했다. 나는 해당 임원의 부서에서는 데이터화하기 어려운 문제를 어떻게 해결했는지 물어보았다. 그는 똑같은 상황은 아니지만 참고해볼 만한 문서 하나를 주면서 이런저런 조언을 해주었다. 이처럼 애자일 조직에서는 부서 간에 유기적인 네트워크가 중요하다. 나를 돕는 일이 그에게도 비즈니스 영향력을 넓히는 기회가 되기 때문이다.

나는 그 임원이 보내준 문서를 여러 날 연구해보았다. 우리 부서의 문제를 해결할 가능성이 보였는데, 문제는 기술적인 부분이었다. 내가 개발자가 아니다 보니 비즈니스 프로세스는 이해되었지만 기술적으로 과연 우리 부서에서 구현할 수 있는지가 문제였다. 한국의 몇몇 개발자들이나 MVP들과도 이야기를 해보았지만 구체적인 답변을 듣기는 어려웠다. 그리고 딜리파와 일대일로 이 문제를 공유하며 내가 조사한 부분에 대해 의견을 나누었다. 딜리파도 내가 공유해준 문서를 보고 관련 정보들을 연구하기 시작했다. 그리고는 다음과 같이 이야기했다.

"소영, 이거 굉장해. 내가 이전에 일하던 회사에서 비슷한 기술을 구현해본 적도 있고, 인도 MVP 몇 명과도 이야기해보았는데 어렵지 않게 구현할 수 있을 것 같아. 실제로 구현된다면 우리 부서에 정말 큰 도움이 될 거야."

그렇게 시작된 우리의 프로젝트는 본사 매니저들과 임원들의 허락을 얻어 아시아 리전과 독일에서만 베타 테스트를 해보기로 했다. 드디어 우리 부서의 오랜 문제를 풀 수 있는 기회를 얻어 나도 신났지만 딜리파는 나보다 더했다. 잠은 언제 자는지 밤이고 낮이고 이 프로젝트에 신나게 몰두하는 것이었다. 그의 프로젝트 진척 상황을 확인할 때마다 나는 놀라움을 금치 못했다.

딜리파는 기술적인 이해도 정말 높았지만 회사 내에 필요한 리소스를 기가 막히게 찾아냈다. 데이터베이스를 파워 BI와 같은 데이터 분석 툴로 구현해내는 전문가를 찾아내 멋지게 분석해내고, 간단한 코드는 본인이 직접 짜서 실제로 구현해내는 것이었다. 경계를 모르고 훨훨 날아다니는 한 마리 새와 같았다.

프로젝트기 시작되고 약속된 베타 테스드 기간 3개월이 지나 드디어 결과를 발표하는 날이었다.

"소영, 이거 정말 대단한 프로그램이야. 이렇게 짧은 기간에 이 정도의 성과는 예상하지 못했는데. 이걸 꼭 아시아에서만 할 이유가 없어. 지금 당장 글로벌로 진행할 수 있도록 추진하면 좋겠어."

우리 부서 최고 임원의 지시로 우리의 작은 베타 테스트 프로젝트는 글로벌 프로젝트가 되어 성공적으로 론칭을 마쳤다. 딜리파는 혁혁한 공로를 인정받고 나의 강력한 추천을 받아 그동안 경험해보지 못한 수준의 연봉 인상과 보너스 그리고 승진까지 할 수 있었다. 물론 나도 좋은 평가와 보상을 받았다. 그리고 무엇보다 우리 부서는 그동안 골머리를 앓던 문제를 멋지게 해결했다. 그 혜택을 우리의 커뮤니티 리더들과 전 세계의 고객들이 고스란히 받고 있다.

딜리파뿐만 아니라 우리 팀 한명 한명은 각기 다른 달란트를 가지고 있다. 저마다 다른 삶의 비전을 추구하는 개성 넘치는 팀원들이다. 그래서 그들과 내가 만들어내는 파트너십의 모습도 조금씩 다르다. 문화도 다르고 언어도 달라 가끔은 오해도 하고 갈등을 겪기도 한다. 살아온 배경과 일하는 방식이 완전히 다르기 때문에 서로를 이해하고 파트너십을 구축하기까지 많은 시간이 걸렸다.

하지만 지난한 과정에서도 잊지 않고 서로에게 계속 상기시키는 것이 있다. 바로 우리 모두는 미숙한 인간이므로 서로의 성장에 도움이 되는 파트너 관계로 나아가야 한다는 것이다. 매니저로서 나는 그들의 성장을 돕는 마중물 역할을 하지만 나 또한 그들의 도움으로 성장해간다는 것을 잊지 않는다.

딜리파는 요즘 내 첫 책 《홀로 성장하는 시대는 끝났다》를 영어로 번역하여 글로벌 시장에 출간하는 새 프로젝트로 신이 났다. 마이크로소프트의 번역 기능을 활용하여 자동 번역한 원고를 보내주었더니 자신도 커뮤니티 리더로 살아오면서 꼭 기록해보고 싶었던 내용이라며 자신이 번역할 수 있게 해달라고 간곡하게 부탁하는 것이었다.

재미있는 것은 이 계획을 본사의 GM에게 공유했을 때이다. 아무래도 회사와 관련된 내용은 미리 허락을 받아야 할 듯하여 조심스럽게 물어보았다. 한국 기업은 직원 개인의 출간을 허락하지 않는 경우가 많아 걱정되기도 했다. 하지만 내 걱정은 기우에 불과했다. 번역본이 나오면 자신이 직접 사티아 나델라 회장에게 소개해주겠다고 하는 것이 아닌가? 본사 GM과도 성장 파트너십이 만들어지는 황홀한 순간이었다. 이 파트너십이 우리를 또 어떤 지평으로 이끌지 모른다. 하지만 그 과정에서 우리는 또 한 뼘 성장하리라 믿어 의심치 않는다.

파트너십 제4원칙
: 촘촘하고 빈틈없이

세계를 촘촘히 연결하는 마이크로소프트의 파트너

2020년 6월 결산에 따르면 2019년 7월부터 2020년 6월까지 마이크로소프트의 연매출은 1,430억 달러, 즉 167조 원에 달하고 약 30%의 순수익을 기록했다. 계속해서 증가하고 있는 매출을 반영하여 마이크로소프트의 주식은 고공 성장 중이다. 같은 기간 약 52%의 주가 성장률을 보였으니 말이다. 내가 입사하고 장장 10년 넘게 20달러대를 넘지 못하던 주가가 한 해만도 50% 넘게 올랐으니 격세지감을 느낀다. 마이크로소프트의 전 세계 직원 수는 현재 16만 3,000명이다. 그런데 마이크로소프트의 매출이 직원에게서만 나온다고 생각하면 큰 오산이다. 왜냐하면 직원 수 이상의 파트너 군단이 전 세계를 촘촘히 엮고 있기 때문이다.

 "마이크로소프트에도 영업직원이 있기는 하지만 단독으로 세일즈를 하지 않아요. 꼭 저희와 같은 파트너사와 함께 2인 1조가 되어 세일즈를 합니다."

　마이크로소프트의 파트너사 메타넷의 권순만 부장의 말이다. 윈도우, 오피스와 같은 제품부터 애저와 같은 클라우드 제품을 판매할 때도 파트너사의 역할은 지대하다. 그래서 전 세계의 MPN Microsoft Partner Network은 해마다 큰 폭으로 증가하여 현재 수만 개가 존재한다. 이들이 마이크로소프트와 짝을 이뤄 전 세계에서 모든 업종의 디지털 트랜스포메이션을 맞춤형으로 이끌고 있다.

　세일즈 파트너뿐만이 아니다. 마이크로소프트가 선보이는 각종 클라우드, 소프트웨어 개발, AI 같은 기술들을 먼저 공부하고 전파하는 파트너로 MCP Microsoft Certified Partner가 있다. 이들 기술 파트너들은 전 세계의 각종 기술 트레이닝을 이끌며 다른 기술자를 양성하는 역할을 한다. 기술 커뮤니티를 이끄는 커뮤니티 리더 MVP Most Valuable Professional는 마이크로소프트가 전 세계 기술 공동체와 파트너십을 맺을 수 있도록 중요한 역할을 하고 있다. 이외에도 전 세계 교육자들의 파트너 그룹, 스타트업 파트너 그룹 등 파트너십은 마이크로소프트 전략의 핵심축이라고 해도 과언이 아니다.

　마이크로소프트의 파트너 전략은 단순히 매출 공유만을 의미하지 않는다. 파트너가 마이크로소프트와 함께 성장할 수 있도록 각종 교육을 제공하고 마케팅과 세일즈를 지원한다. 해마다 마이크로소프트의 파트너를 위한 글로벌 컨퍼런스는 직원을 위한 컨퍼런스

와 거의 같은 규모와 정성으로 개최한다. 계속해서 권순만 부장의
말이다.

"마이크로소프트 인스파이어Inspire와 같은 파트너 행사에 참여하
면 항상 전 세계 파트너에게 감사하다는 사티아 나델라 회장의 인
사부터 시작해요. 윈도우와 오피스에서 클라우드로 핵심 사업이
이동하면서 파트너가 더 중요한 역할을 맡게 된 것도 사실이고요.
마이크로소프트는 클라우드의 핵심 플랫폼을 제공하고 파트너는
각 기업이 원하는 서비스와 제품을 맞춤형으로 제공하는 역할을
히거느요."

그는 10년 넘게 파트너사에 근무하며 기술자 커뮤니티의 파트너
격인 MVP뿐만 아니라 MCP로서 마이크로소프트와 함께 성장해
왔다. 권순만 부장이 성장하는 만큼 마이크로소프트도 성장해갈
것이다. 새로운 혁신의 시대에도 서로가 서로의 성장을 응원하며
힘차게 나아갈 수 있는 든든한 버팀목이 되어주고 있다.

마이크로소프트의 가장 강력한
성공 요소는 기술이 아니다

○   미국 IT 기업들은 대부분 직원에게 보너스
형태로 자사 주식을 제공한다. 한국의 IT 기업에도 근무해보았지만
상장 회사도 직원들에게 주식을 제공하지는 않는 것 같다. 마이크

로소프트와 같이 시애틀에 본사가 있는 스타벅스는 본사 매장 직원에게도 주식을 제공하는 깃으로 유명하다. 직원에게 주주가 될 수 있는 기회를 주는 것이다. 이처럼 회사 주식을 가지고 일하는 것과 그저 월급쟁이로만 일하는 것은 마음가짐에서 확연히 다를 수밖에 없다. 회사가 성장할수록 직원들도 그 과실을 함께 향유할 수 있기 때문에 직원이 회사를 파트너로 생각하고 주인의식을 가지고 일할 수 있는 것이다.

물론 모든 회사가 성장할 수는 없고 계속 성장만 할 수 있는 것도 아니다. 나 또한 회사에서 받은 주식이 3년이 지나도, 5년이 지나도 그 자리에서 맴돌기만 하기에 팔아버리기도 했다. 지금 가격으로 환산하면 땅을 치고 후회할 금액이지만 말이다.

마이크로소프트는 보너스로 제공하는 주식의 수량을 성과와 철저하게 연동한다. 회사가 원하는 성과를 내지 못하면 아예 받지 못한다. 또한 다른 직원이나 팀의 성공에 영향력을 미치지 못하고 자신의 성과만을 위해 일하는 경우에도 받을 수 없다. 회사의 변화 방향을 예의 주시하고 자신의 업무 방식을 바꿀 수밖에 없는 것이다. 매니저나 윗사람이 강압적으로 '이 방향'이라고 주입하지 않아도 스스로 행동을 조절하고 회사를 위한 노력을 할 수 있도록 노련한 파트너십을 설계한다.

또한 주식을 한꺼번에 주지도 않는다. 5년에 걸쳐 5분의 1씩 제공한다. 주식을 많이 가지고 있는 고성과자 핵심 인재들이 타 회사로 이동하지 않도록 하는 락인Lock-in 효과 때문이다. 아직 이익이 실현되지 않은 주식을 포기하고 다른 회사로 이동했을 때 사이닝 보너스Signing Bonus로 그 정도 금액을 새로운 회사에서 받아야 하는데, 고성과자일수록 이 금액이 커서 쉽게 이동하지 못하는 것이다. 핵심 인력의 이탈을 막고, 주식 가치를 올리기 위해서라도 더 열심히 노력하는 당근 역할도 한다.

마이크로소프트는 배당률도 좋은 편이고 주주와 약속한 성장도 대부분 안정적으로 이루어왔기 때문에 주주 파트너십도 잘 맺어왔다고 판단된다. 다만 그동안 사용사들과의 파트너십을 외면해왔다. 사용자들이 커뮤니티를 만들고 오픈소스를 키워갈 때 2대 회장 스티브 발머는 그들을 '암덩이'라고 하며 윈도우의 독점 체제를 공고히 하기 위해 배타적인 전략을 써왔다. 하지만 사티아 회장 이후에 이런 전략은 완전히 폐기하고 고객과 사용자들과의 파트너십을 위해 대대적인 전략 수정을 해왔다.

마이크로소프트는 고객과 사용자가 사랑하는 서비스라면 경쟁 사라도 적극적으로 파트너십을 맺고 있다. 과거와는 달리 아이폰, 맥과 같은 경쟁사의 사용자뿐만 아니라 리눅스, 오픈스택과 같은 오픈소스와도 사용자 경험이 끊어지지 않도록 하기 위해 적극적으로 파트너십을 맺는다. 이러한 전략 변화가 오랜 부진을 털어내고 다시 재기할 수 있는 강력한 에너지가 되었다.

평판 경제 시대의
파트너십 파워

○   기업들이 촘촘하고 빈틈없이 파트너십을 맺어야 하는 또 다른 이유는 이제 세계는 평판 경제reputation economy의 시대로 돌입했기 때문이다.

"평판 경제란 기업이나 개인의 평판이 상호 간의 경제활동을 통제하거나 촉진하여 전체적으로 최종적인 부가가치를 결정하는 경제구조를 말합니다."

산업정책연구원의 문성후 박사는 최근 출간한 《부를 부르는 평판》에서 수많은 글로벌 기업들의 성패를 연구하여 평판이 기업에 미치는 영향에 대해 기록했다.

소셜미디어의 발달과 디지털 혁신으로 기업과 개인의 평판이 과거에 비해 훨씬 중요해지고 있다. 잘나가던 기업이나 유명인들도 평판을 잃으면 아무리 강력한 팬덤을 구축했다고 해도 하루아침에 추락하는 것을 심심치 않게 볼 수 있다.

이제 기업도 과거의 주주 제일주의shareholder primacy나 수익의 극대화 같은 경영 목표를 최우선으로 할 수 없다. 오직 공격적으로 매출을 올리고 시장점유율을 늘리는 목표를 세우면 금세 평판이 떨어지고 기업에게 가장 중요한 이해관계자인 고객에게 외면받을 수밖에 없다.

이러한 상황을 직시한 미국 초우량 기업의 최고경영자 181명은 2019년 비즈니스라운드테이블에서 기업의 목적에 관한 성명을 발표했다. 바로 '이해관계자 제일주의stakeholder primacy'를 표방한 것이다. 이 성명에서 최고경영자들은 과거와 같이 주주만을 제일로 삼는 것이 아니라 고객, 직원, 공급자, 지역사회와 같은 주주 이외의 이해관계자들을 위해 경영할 의무가 있다고 밝혔다.

그만큼 기업의 생존에 평판이 미치는 영향력이 커졌고 이를 위해서는 다양한 이해관계자들과 촘촘하고 빈틈없는 파트너십이 필요하다. 마이크로소프트를 포함한 미국의 200대 기업뿐만 아니라 우리 모두는 이제 독불장군처럼 혼자 성장할 수 없다. 성장한다고 해도 작은 찻산의 물결이 되기 십다. 큰 바다와 같은 파도를 일으키려면 함께 성장하는 촘촘하고 빈틈없는 파트너십이 필요하다.

우리가 맞닥뜨리고 있는 급격한 변화의 핵심에는 '모든 것과의 융합'이 있다. 모든 것이 융합되어 완전히 다른 것이 재창조되는 시대이다. 일터와 나의 성장을 분리한 사람과 일터에서의 성장을 적극 활용한 사람은 시간이 지날수록 그 차이가 극명하게 나타난다.

마찬가지로 일터에서 만난 사람들을 적극적인 파트너로 생각하며 나와 우리를 성장시키는 파트너십으로 승화시키는 사람만이 변화의 시대를 성공적으로 살아낼 수 있다. 마이크로소프트를 부진에서 성장시키고, 명퇴를 걱정하던 중년의 나를 행복한 성장으로 이끈 파트너십의 원칙들이 이 책을 읽는 독자들의 행복한 성장에도 기여하길 기원한다.

멈춰버린 성공 공식

코로나19가 발발하기 전부터 이미 시작된 변화. 세상은 점점 더 변덕스럽고, 불확실하며, 복잡하고, 모호해지고 있다. 많은 사람들이 회사 안에서의 승진 경쟁이 어떤 의미가 있을까, 마흔 이후에도 나를 계속 채용하려는 조직이 있을까, 고민한다. 회사에서의 승진은 일찌감치 포기하고 답답한 직장생활을 벗어나 급성장하는 디지털 플랫폼을 활용하여 자신만의 비즈니스를 하려는 사람들도 늘고 있다. 이런 분위기에서 과거와 같이 조직 내에서 실적과 승진을 놓고 경쟁하는 문화와 제도를 통해 성장하던 공식은 더 이상 유효하지 않다.

빌 게이츠가 선택하고, 사티아 나델라가 주목한 '성장 마인드셋'

마이크로소프트는 십수 년간 부진의 늪에서 헤어나지 못했고 경쟁사들의 위협, 변화에 부정적인 내부 조직으로 인해 스톨의 덫에 빠져 좌초 위기를 겪었다. 회사가 변화를 시도하면서 내부에서 수많은 변화를 겪었다. 실적과 성과를 평가하는 방식으로 조직을 성장시키는 데는 한계가 있었다.

사티아 나델라 회장의 부임 이후 마이크로소프트는 시가총액 1위를 재탈환했다. 그 비밀은 임직원과 동료, 고객 한명 한명을 회사의 혁신과 성장에 마중물이 될 귀중한 파트너로 생각하고 조직과 개인이 함께 성장할 수 있는 성장 마인드셋 문화를 만든 것이다. 이를 위해 내 성과뿐만 아니라 다른 사람들의 성과에도 기여해야만 좋은 평가를 받을 수 있도록 직원 평가 방식을 대대적으로 변화시켰다.

성장 마인드셋 자가 평가 체크리스트

나는 어떤 타입인지 체크해보자

A타입

지능은 정해져 있다고 생각한다. ☐

남들에게 똑똑해 보이고 싶다. ☐

도전을 피하는 편이다. ☐

역경 앞에서 쉽게 포기하는 편이다. ☐

실패는 하면 안 된다고 생각한다. ☐

비판이 옳더라도 무시한다. ☐

남의 성공에 대해 위협을 느낀다. ☐

B타입

지능은 성장할 수 있다고 생각한다. ☐

더 많이 배우고 싶어 한다. ☐

도전을 받아들이는 편이다. ☐

역경에 맞서 싸운다. ☐

실패는 완성을 위한 도구로 여긴다. ☐

비판으로부터 배운다. ☐

남의 성공에서 교훈과 영감을 얻는다. ☐

B타입에 체크한 개수가 많을수록 당신은 성장 마인드셋을 가지고 있다.

출처 《마인드셋》, 캐럴 드웩 지음, 김준수 옮김, 스몰빅라이프, 2017.

파트너십을 위한 핵심 평가 질문 '영향력'

당신이 이룬 성과는 무엇인가요?

　당신이 다른 사람의 성공에 기여한 바는 무엇인가요?

당신이 다른 사람의 노력을 바탕으로 이룬 성과는 무엇인가요?

과거 마이크로소프트의 비전은 항상 '1등'이 되는 것이었지만 실제로는 긴 정체를 이어갔다. 하지만 성장 마인드셋을 바탕으로 새로운 평가 방식을 도입하고, 영향력을 평가하는 질문을 직원들에게 던지기 시작하자 변화가 찾아왔다. 직원들은 조직의 성장을 위해 필요한 것이 무엇인지 적극적으로 찾고 동료들과 협력하며 자발적으로 성장하기 시작했다.

이 과정에서 개인도 그렇게 할 수 있음을 경험한다. 성장하겠다는 마음을 먹고 성장하는 방식을 찾기 위한 질문과 배움을 시작한다. 또 배움이 필요한 곳에 적극적으로 나누려고 노력하면 더 많은 배움이 일어나는 선순환이 생겨난다. 조직 내에서 경험을 쌓으며 성장하고 그

결실을 회사에 돌려주겠다는 파트너십으로 사고방식을 바꾸면 개인과 조직 모두 성장이 가능하다.

PARTNER-
SHIP

예측 불가능 시대에
살아남는 파트너십 공식

: 일터 밖 파트너십을 만들어라

꿈을 이룰 확률이 커진 이유,
디지털 연결

그 꿈, 이룰 수 없어도
싸움, 이길 수 없어도
슬픔, 견딜 수 없다 해도
길은 험하고 험해도

정의를 위해 싸우리라.
사랑을 믿고 따르리라.
잡을 수 없는 별일지라도
힘껏 팔을 뻗으리라.

출처 뮤지컬 〈맨 오브 라만차〉의 한 장면

○　세르반테스Miguel de Cervantes의《돈키호테Don Quixote》를 뮤지컬로 만든 〈맨 오브 라만차〉의 대표곡 '이룰 수 없는 꿈'의 한 소절이다. 400년 전 스페인의 작은 시골 마을 라만차에 사는 한 노인은 골방에 틀어박혀 중세 기사에 관한 소설을 탐독하다 그만 자신이 진짜 기사라는 망상에 사로잡힌다. 그러고는 자신을 돈키호테라 이름 짓고 곧장 산초를 시종이자 파트너로 삼아 낡은 기사 복장을 하고는 세상의 악당들에게 신음하는 불쌍한 사람들을 구하려 긴 여정을 떠난다.

그의 기행은 가는 곳마다 어리석고 번번이 실패의 연속이다. 그런데도 우리가 그를 애정 어린 눈으로 바라보는 것은 실패를 하더라도 자신이 해야 한다고 믿는 것을 그냥 하기 때문이 아닐까? 질 줄 알면서도 해야 하는 싸움이기에 하고, 실연을 당할 줄 알더라도 사랑을 믿고 따른다. 돈키호테의 무의미해 보이는 도전은 400년 동안 전 세계의 수많은 이들에게 영감을 주었다. 실제로 우리 인류는 셀 수 없이 많은 무모한 도전을 거쳐 현재에 이르게 된 것이다.

이렇게 실패할 줄 알고도 덤빈 한국의 위인들을 우리는 안다. 36년에 걸친 일제 치하에서 너무도 열세였던 대한민국, 결코 우리의 독립이 가능할 것 같지 않던 그 암울했던 시절. 실패할 줄 알고도 일왕에게 수류탄을 던지고, 도시락 폭탄으로 항거하고, 총칼 앞에서 맨손으로 태극기를 들었다. 누군가는 이렇게 말한다. 이길 수 없는 싸움은 하면 안 되고, 이룰 수 없는 꿈은 꾸어서는 안 된다고. 하지만 이제 세상이 바뀌었다. 이룰 수 없는 꿈이라고 과연 누가 단언할 수 있는가?

전 세계가 디지털로 연결된 지금은 이룰 수 없는 꿈도 타인과 함께 꿈꿀 수 있게 되었다. 여성을 성적 착취의 대상으로 보던 일부 비뚤어진 남성들에 대항하기 위해 거리에 폭탄을 들고 나갈 필요는 없다. '#MeToo'라는 해시태그를 달아 소셜미디어에 공유하면 그 영향력이 가히 폭발적임을 우리는 지켜보았다.

개그맨이 꿈이지만 개그를 할 수 있는 무대가 사라졌다면 어떻게 해야 할까? 더 멋지고 웃긴 개그맨이 되기 위해 외로운 노력을 하면 될까? 아니면 이룰 수 없는 꿈임을 일찌감치 깨닫고 다른 길을 가야 할까? 디지털 시대에는 자신이 설 무대를 직접 만들어 타인과 함께하면 된다. 200만이 넘는 구독자를 보유한 유튜브 채널 '흔한남매'의 이야기다. 유튜브 방송뿐만 아니다. 그들이 책을 내면 무조건 베스트셀러요, 그들이 광고를 하면 불타나게 팔린다.

이들뿐만이 아니다. 음악가의 길을 꿈꿨으나 너무나 높은 벽이 버티고 있다. 허황된 꿈이니 꾸지 말자가 아니라 자신이 가진 다른 재능인 그림 그리는 것을 연결하기로 한다. 독특하고 재미난 광고 BGM으로 사랑받고 있는 30만 구독자의 유튜브 채널 '빨간내복야코'의 이야기다. 잠뜰, 대도, 공룡TV…… 너무나도 재기발랄한 콘텐츠의 전성시대가 열렸다. 바로 디지털 세계의 돈키호테들인 것이다.

우리 모두는 나만이 가진 갑옷과 투구가 있다. 하지만 오랜 세월 먼지를 뽀얗게 뒤집어쓰고 어딘가에 처박혀 있지는 않은가? 이제는 나만의 산초를 찾아, 디지털 세계를 파트너 삼아 이룰 수 없는 꿈을 꾸고, 이길 수 없는 싸움을 하며 한바탕 신나는 인생을 살아보면 어떨까?

나만의 성장 파트너 플랫폼이 있는가?

○   일터에서 생존을 위해 치열하게 노력하는 사람도 자신의 행복과 진정한 비전을 추구하기 위해 일터 밖 파트너십을 적극 활용할 필요가 있다. 우리가 일하고 있는 일터를 둘러싼 환경이 점점 더 빠르게 변화하고 있기 때문이다. 이러한 변화를 알아차리지 못하고 내부에서만 열심히 경쟁한다면 결국 마이크로소프트와 같은 거대한 회사도 휘청거릴 수 있음을 지켜보았다. 당연히 나의 일자리도 위태로울 수밖에 없다. 급격한 환경의 변화에 휘둘리지 않고 변화하는 고객을 진정으로 이해하며 발 빠른 대응을 하기 위해 일터 밖 파트너십을 적극 활용해야 한다. 또한 내가 일을 하는 본질적인 이유를 알고 단단하게 업을 세운 진정한 인재가 되기 위해서도 일터 밖의 파트너십은 선택이 아닌 필수이다.

최근에 나는 이러한 일터 밖 파트너십의 힘을 차고 넘칠 정도로 경험하고 있다. 내 여정은 지식 공동체에 긍정적인 영향력을 크게 끼치는 커뮤니티 리더들의 성장을 이야기하는 책《홀로 성장하는 시대는 끝났다》를 펴내면서 시작되었다.

수년간 마이크로소프트에서 근무하며 IT 업계의 네트워크에만 집중하다 이 책을 계기로 타 업계까지 적극적으로 네트워크를 넓히기 시작했다. 우선 페이스북의 친구를 넓혀나갔다. 하지만 무작정 넓히기만 한 것이 아니라 내 친구와 공통 친구가 적어도 100명 정도 있는 사람을 기준으로 정했다. 강연이나 미팅 등을 통해 나와 오프라인에서 대면한 적이 있는 사람도 친구로 추가했다. 이외에도 어떠한 형태든 자신이 알고 있는 지식이나 경험을 긍정적인 형태로 나누는 커뮤니티 리더십이 뛰어난 사람들을 모으기 위해 노력했다.

이렇게 맺은 친구들을 꾸준히 관리했다. 예를 들어 부정적인 포스팅을 자주 올리는 사람, 다른 사람의 포스팅에 예의 없는 댓글을 다는 사람, 의견이 너무 편파적이어서 어떠한 협의도 불가능해 보이는 사람들은 친구 관계를 끊고 어떤 경우에는 차단까지 불사했다. 양질의 파트너십을 맺기 위해 네트워크의 질을 관리하는 것은 오프라인뿐만 아니라 온라인에서도 중요하다.

나는 페이스북과 같은 소셜미디어뿐 아니라 강연과 블로그 글들을 통해 업계를 불문하고 커뮤니티 리더십이 있는 사람들의 작품이나 책 혹은 생각들을 나누었다. 예를 들어 페이스북 친구 중에 류용호 씨는 비주얼 싱킹의 한 종류인 컨셉맵으로 기업 분석을 하고 있다. 그는 자신이 읽은 책을 컨셉맵으로 만들어 자신의 블로그

컨셉맵으로 분석한 《홀로 성장하는 시대는 끝났다》

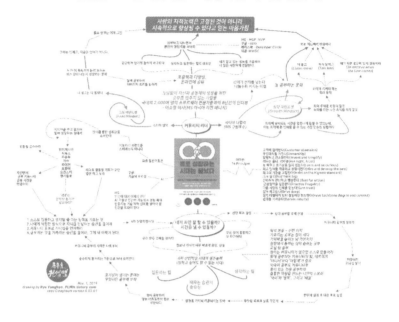

(PLMis.tistory.com)를 통해 다른 사람과 나누는 활동을 내 페이스북에 소개했다.

시간을 많이 할애할 필요도 없다. 잠깐씩 시간 날 때마다 페이스북 친구들의 일상을 읽고 공유 버튼을 누르면 된다. 내 페이스북에 등록되어 있는 약 5천 명의 친구들이 실시간으로 송출하는 정보는 어떠한 뉴스 기사보다 훨씬 생동감 있고 도움이 많이 되는 내용들이다.

놀라운 것은 나의 작은 활동들이 불러일으키는 파급력이다. 류

용호 씨는 나의 또 다른 페이스북 친구들과 급속도로 연결되었다. 급기야 컨셉맵 커뮤니티가 발족되었고 그러한 활동들을 바탕으로 서적 출간도 계획하고 새로운 강연 등 무수히 많은 기회가 생겨났다. 그뿐만이 아니었다. 또 다른 친구인 출판사 사장님은 내 다른 친구 2~3명의 책을 출판하기로 했다. 또 다른 친구들은 내 다른 친구들과 연결되어 비즈니스 계약이 성사되기도 하고 심지어 연애를 하기도 했다.

무엇보다 가장 큰 변화는 나에게 있었다. 앞에서 말했듯이 나의 비전은 디지털 혁신이 일어나는 혼란스러운 미래에도 사람들이 행복한 성장을 할 수 있도록 돕는 것이다. 지금 마이크로소프트에서 하는 일과도 연결되는 비전이지만 회사를 떠난다고 해도 변하지 않을 내 업의 방향이다.

책을 출간할 때도, 페이스북 친구들을 늘려갈 때도 의도하지 않았지만 이러한 나의 비전을 함께 도와줄 파트너들이 계속해서 늘어났다. 교육의 혁신이나 사람들의 성장에 관해 오랫동안 고민하고 있던 시민단체의 대표님, 교수님, 언론사 편집자, 교사, 작가들이 온라인과 오프라인으로 연결되어 나의 비전과 생각을 발전시켜나가는 데 도움을 주고받기 시작한 것이다. 어떠한 연고나 이해득실이 없는데도 느슨하게 때로는 열정적으로 연대하게 되었다. 실로 놀랍고 행복한 경험이 아닐 수 없다. 내 삶의 비전을 함께 추진할 동지들이 이렇게나 많다니.

한 연구(P. Marsden, 'Core Discussion Networks of Americans', American Sociological Review 52, 1987)에 의하면 대학 졸업자는 고등학교 졸업자에 비해 넓고 얕은 소셜네트워크가 두 배 더 많다고 한다. 우리가 좋은 대학을 가고 좋은 직장에 가려는 이유도 본능적으로 그러한 곳의 네트워크 수준이 높다고 생각하기 때문이다. 소셜네트워크의 힘으로 취업도 하고 인생의 반려자도 만나고 그렇게 인생의 출발이 달라질 수 있다는 것이 오랜 세월 내려온 정설이다.

하지만 이 연구는 미국에서 1980년대, 즉 거의 40년 전에 진행된 것이다. 디지털 세계가 일상이 되기 전 소셜네트워크가 일부 사람들의 전유물일 때의 일이다. 이제는 꼭 좋은 대학, 좋은 직장에 다닌다고 해서 수준 높은 소셜네트워크를 만드는 것은 아니다. 오히려 그 안에서 안주하거나 혹은 지나친 경쟁에 몰두하다 보면 변화하는 외부 세계를 인지하지 못할 수 있다. 자신이 어떤 비전을 가지고 있는지, 어떠한 삶의 가치를 가지고 있는지에 따라 나에게 맞는 소셜네트워크를 적극적으로 찾아내어 나의 성장을 지원하는 파트너 플랫폼으로 적극 변신시켜야 한다.

나를 키워줄 사람은 바로 나

570만 틱톡커 허영주

페이스북 친구를 늘려가던 어느 날이었다. 내가 훌륭한 커뮤니티 리더를 찾아 소개한다는 것을 잘 아는 페이스북 친구들이 세계적으로 선풍적인 인기를 끌고 있는 소셜미디어 틱톡TikTok과 한국을 대표하는 틱톡커 허영주, 허정주의 '듀자매'를 소개해주었다. 이들은 '더 씨야'라는 걸그룹으로 활동한 적도 있는데, 현재는 570만 틱톡 팔로워를 보유한 인플루언서로 더 유명하다고 했다. 걸그룹 출신이라는 것도, 틱톡커라는 것도 모두 새롭지만 이들이 아직 20대라는 것이 더 신선했다. 밀레니얼 세대들의 생생한 이야기를 들을 수 있는 드문 기회였다.

때마침 일정이 맞아 성수동의 한 카페에서 아리따운 두 자매를 만났다. 걸그룹 출신답게 출중한 외모도 놀라웠지만 그들과의 대화는 훨씬 놀라웠다.

"연예계에 데뷔하기 위해 저희를 키워줄 사람을 찾아다니다 한 기획사를 만났어요. 하지만 6년이 넘는 시간을 연습생으로 지내는 동안 연습 비용, 심지어 데뷔를 위한 음반 작업에 들어가는 비용까지 모두 저희가 부담하는 구조였어요. '더 씨야'라는 걸그룹으로 겨우 데뷔했지만 수백 개의 그룹 중 하나에 지나지 않았죠. 음악 방송에 한번 출연하려면 매니저들이 수없이 찾아가서 작업을 해야 하는데 그래도 성사되기가 거의 불가능한 구조였어요."

우리는 성공한 몇 명의 아이돌을 기억할 뿐 그 아래에서 처절하게 발버둥치는 나이 어린 연습생들의 존재를 알기는 어렵다.

"아무리 노력해도 '더 씨야'로는 활동 무대를 찾기가 어려워 YG가 주관한 오디션 프로그램 「믹스나인」에 출연하게 되었어요. 오디션에서 뽑히면 나를 키워주겠지 하는 마음으로 최선을 다했어요. 하지만 200여 명의 지원자는 단 몇 명만을 위한 들러리에 지나지 않는다는 사실을 깨닫고 더욱 깊은 좌절을 느꼈습니다."

오디션 프로그램에서 소수의 몇 명만 살아남고 수없이 많은 어린 친구들이 좌절하는 모습을 보는 것만으로 안타까운데 당사자는 오죽할까 싶었다.

"선택받지 못하면 꿈을 포기해야 하는 걸까, 고민하고 있던 찰라 교육학계에서 유명하신 원동연 박사님을 만나게 되었어요. 박사님의 5차원 교육에 대한 강연을 통해 뒤늦게 공부에 대한 열의를 불태워 대학에 가서 못다한 공부를 마치고 책을 읽으며 지식을 쌓았어요."

공부뿐만 아니라 독일부터 한국까지 자전거로 횡단하는 프로그램에도 나가는 등 수많은 경험과 도전을 하며 더 단단한 자아를 만들기 시작했다.

"나를 키워줄 누군가를 기다리지 말고 우리 스스로 만들어보자는 결심을 하게 되었습니다. 동생이 저를 위해 '뽕짝소녀'라는 곡을 작곡했는데요, 얼심히 조사한 끝에 네이버에서 시원받아 곡을 만들고 원투엔터테인먼트에서 투자를 받아 음반을 제작했습니다. 운 좋게 태국 관광청의 협찬도 받아 태국에서 멋진 뮤직비디오까지 제작했고요."

여기서 끝이 아니었다. 기존 시스템의 도움 없이도 자신들의 소셜 네트워크를 만들 필요가 있다는 것을 누구보다 뼈저리게 느낀 자매는 여러 소셜네트워크 플랫폼들을 연구하기 시작했다.

"남들이 모두 진출한 유튜브는 아무래도 경쟁이 너무 심하고 시간도 많이 걸릴 것 같았어요. 저희와 비슷한 컨셉의 해외 유명 인플루언서를 조사하고 시장 분석을 했더니 틱톡이 빠르게 성장하는 거예요. 독일에 있는 한 자매는 4천만 명의 팔로워를 보유하며 승승장구하고 있더라고요."

듀자매는 철저한 분석을 통해 플랫폼을 결정하고 본격적으로 확장해나가기 시작했다. 먼저 자신들이 작곡한 '뽕짝소녀'라는 노래에 맞춘 쉬운 안무를 구성해 챌린지를 만들었다.

"이 챌린지에 약 3만 명의 틱톡커들이 참여하면서 콘텐츠가 빠르게 확산되었어요. 그리고 곧이어 300만 명의 팔로워가 생겨났고요. 틱톡이 한국 시장에 진출한 초기였기 때문에 틱톡의 담당자도 적극적으로 지원해주었어요. 저희가 전략적으로 틱톡을 선택한 것이 옳았다는 것을 알 수 있었죠."

듀자매는 현재 라이브커머스 쇼호스트, 강연가, 브랜드 광고모델, 음악 프로그램 DJ, 틱톡 전문 MCN TFT의 리더로 강력한 브랜드를 구축하며 승승장구하고 있다.

"자기 스스로를 성장시키세요. 지금은 그것이 가능한 시대입니다. 내가 하고 싶은 것, 되고 싶은 것, 이루고 싶은 꿈, 성취하고 싶은 욕망은 그 어떤 누구보다 자기 자신이 제일 잘 알고 있죠. 누군가 나를 선택해주지 않더라도 꿈을 포기하지 말고 스스로를 키워나가세요."

'세바시(세상을 바꾸는 시간, 15분)' MZ세대 특강에서 허영주 크리에이터가 힘주어 전하는 말이었다. 이들뿐 아니라 수많은 이 땅의 젊은이들이 희망의 이야기를 더 많이 만들어내길 간절히 기원하는 마음이다.

출처 '세바시' MZ세대 특강

파워풀 소셜네트워크
활용하기

○   최근 아주대학교 심리학과 김경일 교수의
강의를 들을 기회가 있었다. 자신의 이해득실에 따라 다른 사람의
감정을 이용하여 상대에 대한 지배력을 강화하려는 소시오패스에
대한 내용이었다. 특히 내 이목을 강하게 집중시킨 부분은 소시오
패스의 덫에 잘 걸려드는 사람들의 특징에 대한 것이었다. 이러한
희생자들이 대부분 외로움을 많이 느끼고 있다고 했다.

"이것은 우리가 외로움에 대해 잘 모르고 있다는 반증인데요, 밥
을 같이 먹고 여행을 같이 가는 등 일상을 같이하는 사람이 많다
고 해서 외로움을 해소하는 것이 아닙니다. 느슨하고 넓은 관계, 얄
고 넓은 관계로 행복의 빈도를 높여야 합니다. 즉, 즐거움을 나눌
수 있는 다양한 사람들과 시간을 보내야 외롭지 않은 것이며, 소시
오패스의 희생양이 되지 않는 길입니다."

그렇다면 지금 딱히 외로움을 느끼지도 않고 소시오패스의 희생
양이 될 가능성도 낮은 사람은 이렇게 느슨하고 넓은 관계, 얄고 넓
은 관계의 소셜네트워크가 필요하지 않는 것일까?

"여러분의 소셜네트워크(사회연결망)는 여러분이 돈을 얼마나 많
이 버는가부터 행복을 얼마나 많이 느끼느냐, 혹은 이혼이나 자살
가능성에 이르기까지 모든 것에 영향을 미칩니다."

2009년 「타임」 선정 '영향력 있는 인물 100인'에 오른 하버드 의

과대학 니컬러스 크리스태키스 교수의 말이다. 그는 하버드 대학교에서 네트워크를 연구하던 중 캘리포니아 대학교 샌디에이고 캠퍼스의 제임스 파울러 교수와 만나 소셜네트워크가 인간에게 미치는 영향을 10년에 걸쳐 연구했다. 그리고 그 결과를 500페이지에 달하는 방대한 책《행복은 전염된다Connected》를 통해 발표했다.

특히 소셜네트워크를 지배하는 규칙을 매우 정교하게 과학적으로 분석해 현재 우리가 목도하고 있는 초연결 사회를 관통하는 수많은 변화들의 원인을 설명하고 있다. 다음은《행복은 전염된다》의 내용이다.

소셜네트워크를 지배하는 규칙

규칙 1_ 우리의 네트워크는 우리 자신이 만들어낸다

사람들은 늘 자신의 소셜네트워크를 의도적으로 만들어내고 개조한다. 다양하게 선택할 수 있기 때문에 우리가 속한 전체 네트워크의 구조도 놀라울 정도로 다양하다. 또한 지구상의 모든 사람들은 나머지 모든 사람들과 어떤 방식으로든 연결돼 있다. 우리 각자를 둘러싸고 있는 네트워크들은 실제로는 매우 넓은 세상에서 서로 연결돼 있다.

규칙 2_ 네트워크가 우리를 빚어낸다

친구가 한 명도 없는 사람의 삶은 친구가 많은 사람의 삶과는 완전히 다르다. 친구가 한 명 더 있으면, 그 친구가 실제로 나를 위해 특별히 해주는 일이 없더라도, 나의 건강에 여러모로 도움이 된다. 내가 연결된 사람이 다른 많은 사람과 연결돼 있으면 그 또한 내 인생에 큰 영향을 미친다.

규칙 3_ 친구들은 우리에게 영향을 미친다

사람들은 보통 부모와 자식, 형제자매, 배우자, 직장 상사와 동료, 이웃과 친구를 포함해 매우 다양한 사람들과 직접적으로 많은 유대를 맺고 있다. 그리고 이 모든 유대들은 서로 영향을 주고받는다. 공부를 열심히 하는 룸메이트를 만난 학생은 자기도 더 열심히 공부하게 된다. 음식을 많이 먹는 사람 옆에 앉아 있으면 자기도 더 많이 먹게 된다. 이러한 영향력은 우리를 둘러싼 연결들을 뛰어넘어 좀 더 넓게 엄청난 결과를 낳는다.

규칙 4_ 친구의 친구의 친구도 우리에게 영향을 미친다

네트워크를 수학적으로 분석한 결과, 직접 연결된 사람(친구)이 행복할 경우 당사자가 행복할 확률은 약 15% 더 높아진다. 행복의 확산은 여기서 끝나지 않는다. 2단계 거리에 있는 사람(친구의 친구)에 대한 행복 확산 효과는 10%이고, 3단계 거리에 있는 사람(친구의 친구의 친구)에 대한 행복 확산 효과는 약 6%였다. 또한 행복한 친구가 한 명 추가될 때마다 그 사람이

행복해질 확률은 약 9%씩 증가한다. 반대로 불행한 친구가 한 명 추가될 때마다 행복해질 확률은 약 7%씩 감소한다.

규칙 5_ 네트워크는 자체 생명력이 있다

소셜네트워크는 혼자만의 힘으로는 할 수 없는 일을 해내는 데 도움을 주기 때문에 가치가 있다. 네트워크가 기쁨, 섹스 파트너 찾기, 건강 유지, 시장 기능 작동, 민주주의를 위한 노력 등을 확산시킨다. 심지어 우울증, 비만, 성병, 금융 공황, 폭력, 자살도 퍼져나갈 수 있다. 소셜네트워크는 씨를 뿌리기만 하면 어떤 것이라도 확대시키는 경향이 있다. 그 이유는 소셜네트워크의 창조성에서 찾을 수 있다. 그것은 네트워크 내의 모든 사람에게서 나온다.

어떠한가? 과학자들의 집요한 연구 결과가 보여주듯이 우리의 행복은 어쩔 수 없이 타인과의 관계에 영향을 받을 수밖에 없다. 그리고 이러한 소셜네트워크의 힘은 자신의 의지와 목적에 따라 긍정적인 방향으로 또는 파괴적인 방향으로 활용될 수 있다. 무엇보다 내가 어떤 방향으로 활용하는지에 따라 내 친구의 친구, 그 너머의 친구에게까지 영향력을 미치며 결국 이 지구 전체에 영향력을 미친다. 그 영향력의 크기와 질에 따라 내 행복과 성공도 결정된다.

소셜네트워크의 힘은 우리 삶의 비전을 실현해줄 수도 있고, 외롭지 않게 행복한 관계를 넓혀줄 수도 있다. 하지만 여기에는 우리 모두의 부단한 노력이 필요하다.

"소셜네트워크는 공동 소유의 숲과 같습니다. 모두가 그곳에서 혜택을 얻을 수 있지만, 그곳을 건강하고 생산적으로 유지하도록 함께 협력해야 합니다. 소셜네트워크는 본질적으로 인간적이고 도처에 존재하지만, 그렇다고 해서 당연한 것으로 여겨서는 안 됩니다."

《행복은 전염된다》에서 니컬러스 교수가 한 말이다. 소셜네트워크의 힘은 실로 놀랍다. 다만 공동 소유의 숲을 가꾸듯이 살뜰한 보살핌이 있을 때만 그 위력을 최대한 느끼고 활용할 수 있다. 최근 이러한 안전하면서도 파워풀한 소셜네트워크를 만들기 위한 노력들이 활발하다. 아무래도 초보자들이 모여 처음부터 아름다운 숲을 만들기는 어렵기 때문에 좀 더 전문적인 소셜네트워크 전문가들이 참여하는 형태이다. 구성원들의 성장을 지원하는 데 집중하며 그 안에서 건강한 소셜네트워크가 만들어질 수 있도록 노력한다. 책을 매개체로 하여 만들어진 '트레바리', 주로 경력 단절 여성들의 복귀를 돕기 위해 만들어진 '김미경의 MKYU 대학'도 그러한 노력의 하나이다. 그중 '세바시(세상을 바꾸는 시간, 15분)'가 최근 오픈한 세바시 대학을 자세히 소개해보고자 한다.

내일을 위한 배움 커뮤니티, 세바시 대학

세바시 구범준 대표 PD

최근 대학의 존재와 의미에 대해 질문하는 이들이 늘어나고 있다. 코로나19로 인해 비싼 등록금을 지불하고도 온라인 수업만 진행돼 불만이 생긴 최근의 이야기가 아니다. 뛰어난 소프트웨어 엔지니어링 기술을 가진 고졸 취업자가 하버드 대학교나 예일 대학교 졸업자보다 취업이나 창업 시장에서 더 가치 있게 평가되면서 전 세계적으로 이러한 질문이 급물살을 타게 되었다. 과연 대학 교육의 참가치는 무엇일까? 과연 배운다는 의미는 무엇이고, 우리는 어떤 환경에서 더 잘 배우는가?

"제가 신입 PD일 때 선배 PD들이 늘 그런 말씀을 하셨어요. 대학 때까지 배운 것을 바탕으로 20년간 우려먹었는데 이제는 밑천이 달린다고요. 실제로 우리는 초중고등학교와 대학교까지 정해진 공부를 하고는 더 이상 공부하지 않아요. 특히 요즘과 같이 빠르게 변화하는 세상에서 공부하지 않으면 삶의 정체가 오고 더 이상 성장하지 않는 무기력한 자신을 발견하기 쉽습니다."

10년 전 구범준 PD는 '세상을 바꾸는 시간, 15분'을 세상에 선보이며 '강연' 콘텐츠의 퀄리티를 극적으로 높였다. 다양한 연사들을 발굴하여 우리 사회에 꼭 필요한 메시지를 전달하는 데 혁혁한 공을 세웠다. 그렇게 만들어진 강연 콘텐츠가 1,300여 개가 넘는다고 하니 대단한 일이 아닐 수 없다.

"세바시는 지난 10년간 다양한 사람들의 성장 과정을 나누고 응원하며 배우는 즐거움을 깨달을 수 있도록 노력해왔습니다. 최근에 오픈한 세바시 대학을 통해서는 성장을 원하고 노력하는 사람들의 커뮤니티를 만들고 싶었어요. 15분의 짧은 시간에 소화하지 못하는 조금 더 깊이 있는 강연을 들을 수도 있고 강연자들과 질문도 주고받을 수 있도록 했죠. 이러한 과정에서 서로의 성장을 응원하는 동기 그룹도 만들어지고 느슨하지만 건강한 소셜네트워크가 이루어지도록 구성했습니다."

좋은 대학을 가려는 이유가 무엇일까? 좋은 교수진이 있고 서로의 성장을 응원하는 동기 그룹에서 긍정적인 자극을 받을 수 있기 때문이 아닐까? 그리고 어렵고 힘들지만 학위를 취득하는 과정에서 무언가 성취를 한 경험을 높이 사는 것이다. 왜냐하면 성취의 경험은 또 다른 성취를 가능하게 하는 원동력이기 때문이다.

"세바시 대학을 졸업하기 위해서는 약 1년간 매월 두 차례씩 세바시 강연자의 2시간 라이브 특강을 수강해야 해요. 또한 50개 이상의 세바시 클래스 과정 중 최소 8개 이상 수강하고 에세이를 제출해야 하고요. 쉽지 않은 과정이죠. 하지만 세바시 강연회와 세미나에 참여할 수 있고, 세바시 스피치 기회도 제공됩니다. 이런 낯선 도전들을 통해 성취 경험을 할 수 있도록 구성한 것이죠."

특히 세바시 대학은 도전을 원하는 누구에게나 기회가 열려 있다. 10년이라는 긴 세월, 세바시는 도전과 역경을 이겨낸 강연자들의 생생한 경험을 나누어 수많은 사람들이 함께 역경을 이겨낼 수 있도록 기여했다. 그러한 노하우를 바탕으로 만들어진 세바시 대학을 나의 성장 파트너로 만들어보는 것도 훌륭한 파트너십 전략이 될 수 있을 것이다.

다른 사람의 성공에 기여함으로써
'성장하는 나'

○ 회사나 가정에서는 내가 선택할 수 없는 주어진 역할과 책임이 있다. 이러한 역할과 책임을 다할 때도 성장 마인드셋을 가지고 매일 배우며 '일신우일신日新又日新'의 자세를 취한다면 훨씬 큰 성장을 기대할 수 있다. 하지만 아무래도 주어진 일을 할 때는 나의 특장점을 마음껏 발휘하기 어렵다. 또한 회사일과 가정에만 충실하다 보면 좁은 시야와 네트워크로 성장을 위한 기회를 잡기 어려운 것이 사실이다. 직원들이 개인적인 열정과 자발적인 배움을 이어나가는 것이 회사 입장에서도 도움이 된다. 그러한 긍정 에너지는 다른 구성원을 성장시키는 선순환을 만들기 때문이다.

나 또한 어느 강연장에 연사로 갔다가 구글에서 근무했던 분이 OKR(Objective Key Result, 인텔에서 시작되어 구글을 거쳐 실리콘밸리 전체로 확대된 성과 관리 기법)을 강연하는 것을 보고 내 강연이 끝나고도 양해를 구해 끝까지 강의를 들었다. 거기에서 배운 것을 우리 팀에 공유하고 전파했는데, 놀랍게도 한 달 뒤에 전체 부서가 OKR을 도입하기로 한 것이다. 내가 자발적으로 배우고 다시 커뮤니티 리더십을 발휘한 덕분에 우리 팀은 자신 있게 새로운 변화를 맞이할 수 있었다.

"듣고 배우고 개인의 열정과 재능을 활용하는 문화를 지녔다면
해내지 못할 일이 없다."

사티아 나델라 회장이 성장문화를 설파하면서 했던 말이다. 그런
데 나는 왠지 이 말에서 도산 안창호 선생의 말씀이 떠오른다. 교
육을 통하여 민족 혁신을 이룩하는 데 전 생애를 바친 안창호 선생
은 이런 말씀을 하셨다.

"민족 혁신은 자아 혁신에 의해서만 가능하며 자아 혁신은 인
격 혁신이다. 나 하나를 건전한 인격으로 만드는 것이 우리 민
족을 건전하게 하는 유일한 일이다."

두 사람이 강조한 것은 개인의 변화였다. '어제보다 나은 나'를 만
들겠다는 결의, 즉 성장하는 나를 만들고 다른 사람이나 공동체에
기여하겠다는 의식적인 변화가 나를 살리고 예측 불가능한 시대를
살아가는 우리 모두를 살리는 길이다. 성장하는 개인이 모이면 강
력한 유대가 생기고 건강한 파트너십이 결성된다. 그렇게 만들어진
파트너십은 커뮤니티를 만들든, 기업을 만들든, 스스로를 고용하든
그 무엇이든 멋진 우리를 함께 성장시킨다.

하지만 회사일과 완전히 다른 프로젝트를 하기에는 회사의 눈치
가 보일 수밖에 없다. 회사일에도 긍정적인 영향을 미치며 나만의

네트워크도 만들고 미래의 비전에도 좋은 영향을 미치는 방법은 과연 무엇일까? 다음 사례가 이를 위한 좋은 힌트가 되어줄 거라고 믿는다.

문과 출신이 어떻게 IT 기업 최고경영자가 됐을까?

어도비코리아 우미영 대표

우미영 대표는 IT 업계에서 잔뼈가 굵은 세일즈 전문가이자 전문 경영인이다. 하지만 그녀는 비전공자로 작은 벤처기업에서 커리어를 시작해 많은 시행착오와 어려움을 겪으며 성장해왔다.

"열심히 앞만 보며 달리다가 어느 정도 성장하여 옆을 돌아보니 제가 커리어 초기에 겪었던 시행착오를 후배들이 겪고 있더라고요. 또한 IT 기업 영업 부서를 책임지며 항상 실적과 싸워야 하는 위치에 있다 보니 나만 잘해서는 좋은 실적을 내기도 솔직히 너무 어렵고요."

회사의 실적이라는 것이 직원들뿐 아니라 파트너사 영업사원들의 역량에도 영향을 받는다. 비즈니스 생태계에서는 나 혹은 우리 팀과 우리 회사만 잘한다고 해서 좋은 결과를 낼 수 없다.

"이때 '울타리 밖'의 일을 생각해냈어요. 그러고는 파트너사 영업 사원들의 역량을 높이기 위한 코칭을 시작하게 되었죠. 10주 과정의 코칭을 마치고 나면 파트너사의 영업사원들은 기본기를 다져 각자의 자리에서 반복 실행하며 유능한 영업인으로 성장해갔습니다."

그들의 성장을 통해 당연히 그녀의 실적도 개선되었다. 이러한 코칭을 그녀는 15년 동안 이어오고 있으며 눈에 보이지 않는 조직의 역량을 높인 것뿐 아니라 자신의 충족감도 크다고 한다. 이러한 충족감을 바탕으로 그녀는 커리어를 고민하는 다양한 이들에게 자신의 경험과 지혜를 나누는 커뮤니티 리더십을 꾸준히 실천해오고 있다.

"제 영업 코칭 강좌에는 별도의 수강비가 없습니다. 업계에서 영업 활동을 하는 후배들을 위한 일종의 재능 기부이죠. 그 대신 스터디 그룹을 만들고 코칭 세션을 시작할 때마다 약속을 받아두었어요. 언젠가 내가 은퇴하고 그들이 현역에서 계속 일하고 있다면 월 5만 원씩 용돈을 달라고 말입니다. 나에게 영업 코칭을 받은 사람들의 수도 제법 되다 보니 그동안 불입한 코칭 연금으로 은퇴 후 국민연금 정도의 월수입은 기대할 수 있겠죠?"

그녀의 호탕하고 따뜻한 웃음, 그리고 후배들을 위한 일터 밖 재능 기부가 자신뿐 아니라 얼마나 많은 이들의 성장을 응원하고 지원했을지 알 수 있다.

그녀는 바쁜 일상 중에도 젊은 직장인들을 위한 커리어 코칭에
도 열심이다. 선후배와 파트너십을 맺고 '어른친구'라는 유튜브 채
널도 직접 운영하고 있다. 또한 자신이 비전공 여성으로 작은 벤
처기업에서 커리어를 시작하여 현재의 위치에 이르는 동안 겪은
수많은 좌충우돌을 정리하고 나누는 사이드 프로젝트를 이미 수
년째 해오고 있다. 그녀의 따뜻한 코칭과 강의를 통해 커리어를
포기하지 않고 어려운 일상을 견디며 성장해가는 이들이 수백 명
에 이른다.

얼마 전 이러한 내용을 《나를 믿고 일한다는 것》이라는 책으로
도 정리하여 나누고 있다. 커뮤니티 리더십을 통해 그녀의 영향력
이 무궁무진하게 커가면서 회사와 그녀가 함께 성장하리라 믿어
의심치 않는다. 지금도 수많은 직장인들에게 좋은 롤모델이 되고
있고, 앞으로도 그럴 것이다.

100세 시대,
당신 스스로를 고용하라

○ 　　　　　　　지금 우리가 몸담고 있는 회사나 직업을 평생토록 변함없이 유지할 수 있는 사람은 몇 퍼센트 정도일까? 아마도 특정 전문가 그룹이나 공무원 정도이지 않을까 싶다. 공무원도 정년이 있으니 60세 이후 40년간을 무엇이라도 할 수밖에 없다. 더구나 100세를 넘는 세월 동안 똑같은 일을 한다는 것도 고역이지 않을까?

아무래도 피고용인으로 살기에는 나이나 경력 등 여러 가지 제약이 있다. 하지만 나 스스로 고용인이 될 수 있다면 아무런 제약 없이 평생 일하며 살 수 있을 것이다. 스스로를 고용하는 것도 디지털 시대에는 그렇게 어려운 일이 아니다. 예전에는 물건을 팔기 위해 반드시 매장을 열고 얼마간의 인테리어가 필요했다. 하지만 이제는 오프라인 매장이 없더라도 인터넷 오픈마켓에서 얼마든지 물건을 팔 수 있다. 아마존과 같은 글로벌 오픈마켓을 활용하면 전 세계를 대상으로 판매하고 예상치 못한 수익을 얻을 수도 있다.

최근 음식 배달이 거의 일상이 되었다. 그런데 강남과 같이 임대료가 비싼 곳은 아예 매장 없이 공유 주방에서 배달 음식만 만들어서 팔고 있다. 최근에 중고 온라인 거래 앱 당근마켓에서 김장 김치를 파는 아주머니가 쏠쏠한 수입을 자랑하기도 했다. 어떤 이는 자신이 만든 3~50페이지 문서를 PDF로 만들어 탈잉, 크몽과 같은 플랫폼을 통해 수입을 올리기도 한다. 긱 경제에 걸맞게 수없이 다양한 일과 비즈니스가 창출되고 있다.

하지만 이 모든 것도 가장 기본이 되는 능력이 필요하다. 다른 사람과 구분되는 나만의 특장점을 이해하는 것이다. 배달 음식점은 많지만 남들보다 요리 실력이 뛰어나야 하며, 당근마켓에 김치를 팔려고 해도 맛있는 김치를 담그는 노하우가 있어야 한다. 마찬가지로 수없이 많은 문서들 중 판매가 될 만한 콘텐츠를 만드는 노하우가 있어야 한다. 가만히 앉아 곰곰이 생각한다고 해서 나만의 특장점과 노하우가 만들어지는 것은 아니다. 학생으로서 주어진 공부를 열심히 하고, 직장인으로서 주어진 업무를 열심히 한다고 해서 습득할 수 있는 것도 아니다. 그럼 어떻게 해야 할까?

일본에서 교육개혁 실천가를 표방하는 후지하라 가즈히로는 《먹고사는 데 걱정 없는 1% 평생 일할 수 있는 나를 찾아서》(하우넥스트, 2017)에서 이렇게 말한다.

"한 분야에서 '1만 명 중 1인자' '100만 명 중 1인자'가 되기는 매우 어렵습니다. 하지만 누구나 노력하면 '100명 중 1인자'는 될 수 있죠. 그렇다면 하나의 분야가 아닌 2개, 3개의 다른 분야에서 '100명 중 1인자'가 되어 하나씩 해나가면 된다는 것이 포인트입니다. 20대에 어떤 분야에서 '100명 중 1인자'가 된다면 30대에는 다른 분야에서 '100명 중 1인자'가 되고, 그런 식으로 하다 보면 '100분의 1' × '100분의 1' = '1만 명 중 1인자'의 희소가치를 획득할 수 있는 것입니다. 더 나아가 40대에 또 하나의 분야에서 '100명 중 1인자'가 되면 '100만 명 중 1인자'와 같은 매우 희소가치가 높은 사람이 될 수 있습니다."

안타깝지만 현실에서는 경쟁하지 않고 살 수 없다. 그리고 현실에는 아무리 노력해도 따라잡을 수 없는 뛰어난 경쟁자들도 부지기수다. 그렇다고 기죽어 살 필요는 없다. 내가 좋아하는 분야에서 100명 중 1인자가 되겠다는 목표를 잡고 한 발 두 발 나아간다. 낮은 목표를 세우고 노력해봤는데 뜻밖에 어마어마한 잠재력을 발견할 수도 있고, 여러 요인에 의해 꿈이 꺾일 수도 있다. 하지만 좌절은 짧게 끝내고 바로 다음 분야에서 100명 중 1인자가 되기 위해 노력한다. 이렇게 내가 오를 수 있는 산을 하나씩 정복하고 그러한 산이 여러 개 되면 누구도 따라올 수 없는 내가 되어 있을 것이다. 당장은 내 능력에 맞는 일을 찾지 못하더라도 현실에 단단히 발을 붙이고 나아간다면 언젠가는 꿈꾸는 것을 두려워하지 않는 든든한 능력을 갖춘 사람이 되어 있을 것이다.

지금 되돌아보면 나 또한 그러한 방식으로 성장해왔다. 서른을 목전에 두고 경력이라고는 조그만 벤처기업이 전부인데 그마저도 공중 분해되어 버렸다. 수중에 돈도 없고, 든든하게 밀어주는 인맥도 없을 때 뜻밖에도 힘이 되어준 능력이 하나 있었다. 대학교 학보사 시절 학교의 주선으로 우연히 갔던 초창기 중국. 그 정돈되지 않은 에너지에 반해 무작정 연수도 가고, 꾸준히 중국 관련 커뮤니티에서 활동하면서 어느 정도 중국어를 할 수 있었던 것이다. 비록 작은 인터넷 벤처기업이었지만 온라인 서비스 기획, 콘텐츠 크리에이션, 온라인 마케팅을 온몸으로 체득한 경험도 있었다. 때마침 또 다른 인터넷 기업인 네오위즈에서 중국 진출에 필요한 인원을 채용한다는 것이었다. 당시에 인터넷 서비스 업무 경험이 있으면서 중국어를 할 줄 아는 사람이 몇이나 되었을까?

꼭 채용되지 않는다고 해도 나이 독특한 경험과 노하우를 가지고 다양한 디지털 플랫폼을 활용하여 얼마든지 스스로를 고용할 수 있는 세상이 되었다. 다만 너무 낮은 산 여러 개를 모으지는 않으면 좋겠다. 어느 정도 경쟁력을 확보하기 위해서는 깊은 협곡도, 가파른 바위산도 버티며 오르는 저력이 있어야 한다. 내가 월급 50만 원을 받고 입사한 벤처기업에서 3년이라는 시간을 버티며 쌓은 저력은 이후의 크고 작은 산을 포기하지 않고 오를 수 있었던 힘이 되었다. 그런 저력을 쌓아가야 100세를 살아가는 동안 흔들림 없이 무한한 가능성을 시험하며 즐겁게 탐험할 수 있는 것이다.

'카카오 프로젝트 100' 성공의 비밀

플라잉웨일 백영선 대표

'록담'이라는 예명으로 더 유명한 백영선 대표의 이야기도 미래와 현재의 성장이라는 두 마리 토끼를 쫓아야 하는 이들에게 좋은 사례가 될 수 있다. 최근 카카오에서 론칭한 서비스 '카카오 프로젝트 100'을 들어봤거나 사용한 사람들이 있을 것이다. 무엇이든 100일을 꾸준히 다른 이들과 함께하며 작은 성취를 경험하는 것을 목표로 하는 서비스다. 실제 서비스를 보면 '만 보 걷기', '명심보감 따라 쓰기', '하루 한 장 사진 찍기' 등 다채로운 프로젝트들이 자발적으로 만들어져 함께할 이들을 모집하며 진행되고 있다. 이 서비스를 처음 기획한 사람이 바로 백영선 대표이다.

"저는 대학 때부터 사회에 나와서까지 줄곧 연극이나 문학을 바탕으로 다양한 사람들과 커뮤니티를 만들고 파트너십을 맺으며 활동해왔어요. 그러한 이들을 엮고 배우고 성장하는 것을 계속 이어와 다음과 카카오 같은 회사에 다닐 때도 멈추지 않았죠. 회사에서도 사람들을 엮어 무언가 함께할 거리를 만들고 그를 통해 함께 성장하는 일을 도모했어요. 그러다 매일의 지루한 일상에 작은 활력이 될 만한 프로젝트를 카카오 직원들과 해본 게 프로젝트 100이었어요."

그는 이 프로젝트를 통해 매우 다채로운 일들을 벌여나갔다. '매일 그림 그리기' 프로젝트에서는 매일 조금씩 그린 그림을 프로젝트 멤버들과 나누었다. 그러면서 '만 보 걷기', '매일 책 읽기' 프로젝트 등 회사 팀원들이 자발적으로 정한 프로젝트들이 늘어갔다.

"아주 단순한 일인데도 매일 자신이 좋아하는 일들을 함께 해나가는 것만으로 많은 멤버들이 자신이 원하는 실력이 느는 것은 물론 삶의 활력을 찾았다는 이야기가 쏟아졌어요. 이러한 성과에 힘입어 회사 차원에서 서비스를 개발하여 이제 전 국민이 쓰고 있는 카카오에서도 만날 수 있게 된 것이죠."

그의 사이드 프로젝트는 회사에서 정식 서비스가 된 것뿐만이 아니라 더 넓은 곳으로 끊임없이 확장되어 갔다. 낯선 이들과의 교류를 통해 성장해간다는 목표로 만든 2030을 위한 프로젝트성 대학이 대표적이다. 그가 카카오에 다니는 동안 퇴근 후 시간을 활용하여 만든 프로젝트이다. 뜻을 같이하는 7명과 파트너십으로 만든 것인데, 1년간 진행되는 이 대학은 벌써 5년째 입학생을 모집하여 수백 명의 졸업생을 만들어냈다.

"전혀 다른 영역의 사람들이 연결되면서 일으키는 시너지가 의외로 크더라고요. 낯선 만남이 삶을 확장하고 새로운 자극이 에너지가 되는 것을 확인했습니다. 직장에서 위아래로 치이다 자신을 환대해주는 사람들이 있는 것만으로도 회복이 된다는 이야기도 해요."

함께 공부하는 동급생 중 세무사, 변호사도 있어서 실질적인 도움을 받는 경우도 많았다고 한다.

"기꺼이 도움을 줄 수 있는 든든한 지지자 그룹을 옆에 두게 되는 셈이지요. 낯선 사람 효과도 있습니다. 내 삶의 큰 변화는 가까운 사람이 아니라 건너 건너의 사람에게서 온다고 하잖아요. 매주 다른 사람들의 이야기를 들으며 진행되는 수업을 통해 2개의 낯선 세계를 만나고 그를 통해 자극을 받고 영감을 얻으면서 서로 성장하는 것이죠."

이런 일터 밖 커뮤니티 리더십으로 얼마나 많은 이들이 성장을 경험하고 있는지 충분히 알 수 있다. 현재 그는 카카오를 떠나 1인 사업자로, 매일 다른 곳으로 출근하는 멀티 직업인 N잡러('여러 직업을 가진 사람'이라는 뜻의 신조어)로 다이내믹한 삶을 살고 있다. 두 아이의 아빠이기도 한 그는 바쁜 일상 중에도 혼란한 시대에 자신만의 색깔과 개성을 빛내고자 노력하는 이들의 인터뷰를 연재하는 일도 꾸준히 해오고 있다.

"각자의 답을 찾는 인터뷰 프로젝트인데요, 현재까지 160개가 넘는 인터뷰를 하고 글로 정리했어요. 이분들을 통해 늘 새로운 에너지를 얻는 것 같아요. 제가 정리한 인터뷰를 통해 누군가는 자신의 길을 찾는 데 도움이 되었으면 해요."

그의 인터뷰는 각기 다른 인물들의 이야기를 담고 있지만 항상 다음과 같은 글과 함께 시작한다.

"시대가 하 수상합니다. 막막하고, 막연하고, 어쩌나 멘붕까지. 대개 상황과 배경에 안주하게 됩니다. 그런데 '각자의 스타일'로 '노력하는' 사람들이 보여요. 자신의 '생각과 노력'을 존중하는 것, 퍼스널 브랜딩이 아닐까 싶어요. 모두가 따라 하는 정답의 시대에서 각자의 해답을 찾고 만드는 개인의 시대. 여기 다양한 해답 레퍼런스가 있습니다. 당신도 당신만의 답을 찾고 있겠죠? 그 노력이 누군가에게 닿기 바랍니다. 모두가 잘사는 걸 의도하고 애씁니다."

그의 선한 영향력이 읽히는 문구이다. 이렇게 우리 사회 곳곳에는 이 시대를 현명하게 살아내려는 이들을 파트너십으로 연결하려는 선한 이들이 숨 쉬고 있다. 그들의 에너지로 우리 사회도 건강한 성장을 이어갈 것이라고 굳게 믿는다.

커뮤니티 리더십,
누구나 자신만의 강점이 있다

○ 　　　　　마이크로소프트에서는 성장 마인드셋과 영향력, 2가지 지표로 직원들을 평가한다. 우리 팀은 2가지 지표를 바탕으로 전 세계에 흩어져 있는 탁월한 기술 커뮤니티 리더를 찾아 MVP나 RD Regional Director와 같은 상을 준다. 성장 마인드셋으로 늘 배우고 다른 사람이나 기술 공동체의 성장을 위해 기여하여 큰 영향력을 발휘한 사람들을 찾는 것이다. 이러한 커뮤니티 리더십을 갖춘 사람들이야말로 마이크로소프트가 원하는 인재상에 가장 부합한다.

　커뮤니티 리더십은 내가 알고 있는 지식이나 경험을 널리 알리고 나누어 공동체의 성장을 돕는 것을 말한다. 이때 커뮤니티는 성장을 위한 유무형의 공동체이다. 배우고 성장할 수 있다면 어떤 주제든 상관없다. 예를 들어 직장인 필수 지식인 엑셀을 주제로 정했다고 하자. 누군가 업무를 위해 엑셀을 열심히 공부하고, 더 나아가 자신이 공부한 지식을 카페, 지식인, 혹은 유튜브를 통해 나눈다. 이 지식을 혼자만 아는 것이 아니라 필요한 사람들과 공유함으로써 궁극적으로 이 주제에 관심 있는 공동체, 즉 커뮤니티의 성장을 돕는 것이다.

탁월한 커뮤니티 리더십을 가지면 사람들이 자발적으로 내 의견이나 정보에 귀 기울이게 된다. 엑셀 분야에서는 '○○'님이 최고라고 인정받으며 이 분야에서 영향력이 생기는 것이다. 꼭 최고가 아니더라도 자신이 가진 특장점이나 재능을 잘 활용하여 사람들에게 필요한 콘텐츠나 서비스를 만들어내면 된다.

이것은 특히 수평적인 리더십이 각광받고, 영향력이 중요해진 요즘 필수 불가결한 능력이다. 내가 관심 있고 열정을 다할 수 있는 분야에서 내가 가진 지식이나 경험을 나누면 된다. 나와 비슷한 열정을 가진 공동체, 즉 커뮤니티와 함께 공부해나가면서 깊이 있고 실용적인 지식을 쌓을 수 있다.

이러한 커뮤니티 리더십을 통해 자신도 상상할 수 없을 만큼 성장하고 공동체도 성장시킨 사례는 너무도 많다. 《홀로 성장하는 시대는 끝났다》를 쓰면서 최대한 담아보려 애썼지만 한 권에 다 실을 수 없었다. 책과 강의를 통해 커뮤니티 리더십을 알게 되고 또 실천하며 변화된 일상을 공유해주는 분들도 정말 많다.

기아자동차 HR팀에 근무하는 오화영 책임 매니저는 자신이 읽은 책을 정리해 팀원들과 나누기 시작하면서 변화한 일상을 공유해주었다. 커뮤니티 리더십을 발휘하자 자신이 읽은 책을 좀 더 깊이 이해할 수 있었고, 무엇보다 팀 내에서 긍정적인 영향력이 높아지는 것을 확인했다고 한다.

커뮤니티 리더십은 일터 안에서든 밖에서든, 오프라인에서든 온라인에서든 배우고 나눈다는 마음만 있으면 실천할 수 있다. 영화 〈어벤져스〉 시리즈를 보면 아이언맨 혼자서도 강하지만 어벤져스로 파트너가 됐을 때 우주 최강이 된다. 커뮤니티에서 같이 성장하고 공부하면 조직 안이나 회사 밖에서 나를 도와줄 어벤져스 파트너를 만들게 되는 것과 같은 이치다.

사법시험 7수생, 시민개발자로 거듭나다

문과생을 위한 AI 커뮤니티 이재석, 이인희, 진미나

우리나라는 예로부터 시험을 통해 국가의 주요 인재를 등용해왔다. 조선시대에는 과거시험이 있었고, 현재는 각종 고시가 있다. 최근 크게 늘어난 공무원 시험 준비생을 합하면 아마도 수백만 명에 이를 것이라는 통계도 있다. 하지만 이 시험을 통과하는 사람의 비율은 많아 봐야 5%도 되지 않는다. 나머지 95%가 넘는 사람들이 수년간 공부를 하고도 실패한다. 물론 깊이 공부하면 실제 생활에서나 일부 영역의 취업에 도움이 될 수도 있다. 하지만 빠르게 변화하는 시대에 머릿속에 쌓아둔 국어, 영어, 역사, 법률과 같은 지식이 큰 힘을 발휘하기는 어렵다. 이것은 시험을 통과하지 못하면 너무나 힘든 삶을 살게 되는 이유이기도 하다. 꼭 고시에 통과하지 않더라도 이러한 공부가 나머지 인생에서 잘 활용될 방법은 없는 것일까?

"법과 대학과 대학원 그리고 사법시험 공부를 하며 20대 대부분을 보낸 것 같아요. 사법시험 2차 시험을 네 번 쳤으니까요. 저는 결국 낙방을 했지만 제 동생들이 각종 고시에 합격하는 데 제 노하우가 도움이 된 것 같아 위안으로 삼고 있어요."

'문과생을 위한 AI'와 '마이크로소프트 파워 앱스' 커뮤니티를 이끌고 있는 이재석 씨의 말이다. 옆에서 듣고 있던 같은 커뮤니티 멤버 이인희 씨도 한마디 거든다.

"저도 2차 시험만 네 번 봤으니 도합 7년을 사법시험에 도전했지만 떨어졌어요. 먼저 공부하던 지금의 아내는 당당히 합격하여 변호사로 일하고 있으니 다행이지요."

마이크로소프트뿐만 아니라 구글과 AWS(아마존 웹 서비스) 등이 개최하는 수많은 테크 컨퍼런스에서 이들을 만나는 것은 그리 어려운 일이 아니다. 각종 컨퍼런스의 맨 앞자리에서 가장 열심히 공부하기 때문이다.

"고시에서 계속 낙방하여 자존감이 많이 떨어지고 방황도 했죠. 앞으로 어떻게 살아야 할지 고민도 많이 했고요. 작은 기업체에서 일을 하기도 했지만 그렇게 오랫동안 공부한 것을 제대로 활용하지 못하는 것이 안타까웠어요. 그러다 우연히 글로벌 IT 기업들의 컨퍼런스에 참석했는데 신세계가 펼쳐지더라고요. 처음에는 무슨 이야기를 하는지도 모르고 참석했어요. 큰 호텔에서 하는 무료 행사들인데도 호텔 식사를 제공해주기도 하고 글로벌 테크 기업들이 나아가는 방향에 관해 설명해주는 세션들도 무척 흥미 있더라고요."

고시를 위해 쌓은 지식들이 긴 세월 쓸모를 못 찾고 뽀얀 먼지를 뒤집어쓰고 있었지만 기본적으로 배우기를 너무나도 사랑하는 이들이다. 그동안 고시 공부 이외에 어디에서 무엇을 배워야 할지 모르고 방황하던 이들에게 글로벌 IT 기업들이 제공하는 무한한 배움의 기회가 마치 마른 대지의 단비처럼 느껴졌을 것이다.

"그러다 소영 님이 쓰신 《홀로 성장하는 시대는 끝났다》라는 책을 만나게 되었죠. 책에서 매우 다양한 IT 업계 인재들의 성장 과정을 상세히 소개해주셨는데 저도 왠지 모를 자신감 같은 게 생겼어요. 지금 IT 업계 전문가로 활동하고 있는 수많은 사람들도 처음에는 저처럼 문외한이었더라고요. 저도 더 열심히 공부하고 나누면서 커뮤니티 리더십을 쌓으면 되겠구나 하는, 누구도 알려주지 않은 방향을 알게 된 것이죠."

이재석 씨는 이를 시작으로 '문과생을 위한 AI'라는 커뮤니티를 결성하여 자신과 함께 공부하고 성장할 사람들을 모으기 시작했다. 마이크로소프트의 AI는 파이썬이나 R과 같은 전문 프로그래밍 기술이 없더라도 AI 기술을 만들고 사용할 수 있도록 직관적인 UI User Interface, 유저 인터페이스와 서비스를 제공하기에 문과생들도 도전할 수 있다는 것이 주효했다. 그는 또한 'I Love HandsOn(https://

blog.naver.com/dodream7'이라는 블로그를 개설하고 자신이 공부한 내용을 차곡차곡 정리했다. 이는 처음 AI 기술을 접하고 공부하려는 이들에게 너무나도 훌륭한 자료가 되었다. 1년 남짓 그의 이런 노력과 커뮤니티에서의 영향력을 살펴본 나는 그를 마이크로소프트 MVP로 추천했고, 지난해 공식적으로 AI MVP가 되었다.

"MVP가 되니 더 열심히 해야겠다는 생각이 들더라고요. 더 잘 공부할 수 있도록 각종 컨퍼런스에 자료들이 무상으로 제공되는 것도 좋았어요. 최신 IT 기술과 예전에 공부했던 법학 지식이 통합되면서, 내 머릿속 깊은 곳에 잠들어 있던 것들이 이미지화되어 IT 세상으로 나와 날아다니는 것 같아서 하루하루가 신나요."

옆에 있던 이인희 씨도 거들었다.

"지금 저희는 마이크로소프트의 파워 앱스 서비스 커뮤니티를 만들어 재석 님과 미나 님과 함께 공부하고 있어요. 그동안 제가 공부했던 법률 지식과 이러한 기술들이 합쳐지니 엄청난 시너지가 생긴다는 것을 느꼈어요. 최근에는 일반인들이 어려워하는 법률 서식을 마이크로소프트 기술로 자동화해서 서비스를 시작했는데, 반응이 매우 좋아서 무척 고무적이에요."

옆에서 조용히 듣고 있던 진미나 씨도 한마디 했다.

"저도 대학에서 경영학을 공부했기에 IT 기술은 몰랐어요. 그런데 커뮤니티에서 공부하면서 정말 신나는 경험을 많이 하고 있어요. 4차 산업혁명의 기반 기술인 클라우드에 대한 지식을 계속 접하기는 하는데 실제로 현업에 적용할 수 있는 방법은 몰랐거든요. 지식을 추상적으로만 계속 접한 것이죠."

진미나 씨는 이재석 씨가 만든 커뮤니티에서 MS 파워플랫폼을 처음 접하게 되었다. 코로나로 인해 주로 온라인으로 함께 공부했는데 일주일에 한 번씩 서로 공부한 것을 나누는 형태였다.

"파워플랫폼이라는 기술을 함께 공부하고 실제로 사용하는 방법을 실습해보면서 클릭 몇 번으로 웹사이트나 모바일 앱을 만들 수 있다는 것도 알게 되었어요. 그동안 경험할 수 없었던 쾌감이 느껴지더라고요. 확장성도 뛰어나 문과생인 저도 할 수 있는 것들이 부척 많아요."

진미나 씨는 예전의 자신과 같이 이렇게 멋진 기술을 잘 모르는 사람들이 많다는 것을 깨닫고 자신이 배운 내용을 블로그로 나누어야겠다는 생각을 하게 되었다.

"나의 애장품을 자랑하듯 제가 작성한 블로그를 SNS에 공유했어요. 그랬더니 파워플랫폼에 대해 아는 사람들이 빠르게 늘어났고 3개월 동안 1,000명이 넘는 분들이 제 블로그를 방문했어요. 파워플랫폼이란 기술과 제가 동반 성장을 한 거죠."

물론 공부한 자료를 정리하여 커뮤니티에 나누는 일이 때론 힘들고 버겁게 느껴질 때도 있다고 한다.

"좀 힘들 때도 있지만 실제 모델을 만들고 AI 알고리즘을 이용하여 프로세스를 자동화하거나 데이터를 분석하는 것을 직접 해보면 정말 희열을 느낍니다. 그런데 더욱 환상적인 부분은 SNS를 통해 전 세계 사람들을 상대로 제가 가진 지식을 나눌 수 있다는 점이에요. 4차 산업혁명의 수혜를 제가 톡톡히 입고 있는 거죠."

앞으로 이들은 자신들이 공부한 내용을 바탕으로 책도 쓰고 강의도 만들 계획을 세워 착실히 실행하고 있다.

"제가 공부했던 그 많은 법률 지식들이 사장되는 것이 아니라 이렇게 사회에 꼭 필요한 서비스로 만들 수 있다는 희망이 생겼어요. AI 기술과 파워플랫폼 등 시민개발자들을 위한 기술들을 공부하고 실제로 적용하면서 나 스스로 그런 희망을 만들어나간다는 것이 무척 뿌듯합니다."

이들 세 사람은 서로 다른 문과 학문(법학, 신문방송학, 경영학)을 전공했다. 하지만 IT 기술을 중심으로 페이스북 파워플랫폼 그룹에서 MS의 다양한 기술을 매주 토론하고 서로의 경험을 나누고 있다. 성장 배경이 다르다는 것을 한계로 삼는 것이 아니라, 함께 공부하면서 서로에게 부족한 부분을 가르쳐주고 채워주는 기술 파트너십을 십분 발휘하고 있는 것이다. 여기에 MS의 시민개발자를 위한 팀즈 같은 서비스들이 받쳐주고 있다. 올해는 글로벌 파워플랫폼 부트캠프 2021 기술 커뮤니티 행사도 한국 대표로 개최할 계획부터 시작해, 또 다른 비개발자들에게 최첨단 IT 기술을 나누고 희망을 전하고자 파이팅을 하고 있다. 이들은 모든 사람들이 디지털 기술의 혜택을 받을 수 있는 세상을 꿈꾸고 있다. 이러한 혜택을 모든 사람들이 받기를 바란다. 이들의 소박하고도 환한 웃음이 우리 사회가 앞으로 나아가야 할 방향을 명확하게 보여주고 있다고 굳게 믿는다.

시청 공무원의 커뮤니티 리더십

남양주시청 유종형 팀장

흔히 공무원을 정해진 일을 수동적으로 하는 그룹이라고 생각하기 쉽다. 하지만 전 세계에서 한국만큼 공공 서비스의 질이 훌륭한 나라도 드물기에 이들의 노고를 높이 사야 하는 것도 사실이다. 다만 디지털 혁신이 사회 전반을 송두리째 바꾸고 있는 지금 나라의 정책을 만들고 집행하는 공무원의 성장 마인드셋과 보이지 않는 영향력까지 고려하는 행정을 위해 어떤 노력들이 필요할지 깊이 고민해 봐야 할 시점이다.

남양주시의 초청을 받아 《홀로 성장하는 시대는 끝났다》를 주제로 디지털 혁신과 AI 시대의 성장 방법에 대해 강의를 한 적이 있다. 시청 공무원들의 열정적인 반응에 무척이나 감사했다. 그런데 거기서 끝나지 않고 남양주시 도서관 유종형 팀장이 강의를 듣고 실천하게 된 커뮤니티 리더십의 사례를 메일로 보내주었다.

"저는 20년 전에 컴퓨터 공학을 전공했는데도 그동안 까맣게 잊고 지냈습니다. 그러다 이사님 강의를 듣고 성장 마인드셋으로 새롭게 도전하고 싶은 생각이 들었습니다. 아이에게 코딩도 가르치고 업무나 세상에 도움이 되는 프로그램을 만들고자 다시금 프로그래밍 공부를 시작했습니다."

정해진 업무를 수동적으로 해오던 오랜 관행을 깨는 것은 쉬운 일이 아니다. 게다기 20년이린 세월 동안 들여다보지도 않던 컴퓨터 프로그래밍을 다시금 공부한다는 것도 쉽지 않다.

"여세를 몰아 공무원으로서는 쉽지 않지만 생각을 정리하는 방법으로 마인드맵을 공부하고 실제 공무에 적용하기도 했습니다. 또한 책을 쓰는 일에도 도전하고 있는 중입니다. 강연과 강연 이후에 질문을 주고받는 과정에서 이사님이 여러 가지 도전을 위한 아이디어도 주시고 커뮤니티 결성에 관해 의견을 주신 것도 도움이 많이 되었습니다."

수많은 책을 읽고 멋진 강연을 들어도 실천하지 않으면 아무 소용 없다. 하지만 유종형 팀장은 자신이 하고 있는 일과 개인의 성장을 연결하고 커뮤니티 리더십이라는 생소하지만 새로운 도전을 시작했다.

"이번에 정부에서 발표한 한국판 뉴딜 10대 과제와 관련하여 커뮤니티 리더십을 발휘해 마인드맵으로 정리하여 주변에도 나누고 블로그에도 공유하고 있습니다. 또한 코로나로 과중된 팀원들의 업무를 해결하는 데도 성장 마인드셋과 커뮤니티 리더십이 큰 도움이 되었습니다. 앞으로 이사님의 선한 영향력이 지속적으로 세상에 퍼져나갈 수 있도록 기원하고 향후 저의 도전들로 인해 이사님과 좋은 인연이 될 수 있기를 바라는 마음입니다."

10여 년간 큰 변화를 기대하기 어려운 공무원의 삶을 살다가 내면으로부터 자발적인 성장의 씨앗을 발견한 순간 어떤 기분이었을지 충분히 느낄 수 있었다. 자신 안에 숨겨져 있던 가능성의 씨앗, 나뿐만 아니라 다른 사람의 삶도 성장시킬 수 있는 귀한 씨앗은 이렇게 발화되는 것이다.

부캐, 잉여력으로 미래를
개척하는 법

○   최근 커뮤니티와 진행하는 사이드 프로젝트 혹은 부캐(부캐릭터의 줄임말로 평소의 내 모습이 아닌 새로운 모습이나 캐릭터로 행동하는 것을 나타낸다) 등이 젊은이들 사이에 유행하고 있다. 자신이 무엇을 원하는지 모른 채 오랫동안 공부를 하고 안정적이라는 이유로 직업을 정하고 취업을 한다. 하지만 마음속 깊은 곳에서는 언젠가는 내가 꼭 원하는 일을 찾아서 하고 싶다는 속삭임이 있을 수밖에 없다. 현실을 쉽게 간과힐 수도 없으니 사이드 프로젝트를 통해 마음속 부캐를 찾아 나서는 것이다.

다행히 디지털 기술들과 전 세계적으로 발달하고 있는 플랫폼을 활용하여 얼마든지 기회를 찾을 수 있는 시대가 열렸다. 나도 사실 주업은 회사원이지만 작가와 강연자라는 부캐를 개발해나가고 있다. 그 과정에서 회사의 업무에 필요한 소셜네트워크를 확장해나가는 것은 물론 내 삶의 비전까지 성취하고 있으니 꽤 멋진 부캐이다.

이러한 부캐로 제2의 삶을 성공적으로 개척하는 사례도 내 소셜네트워크를 통해 수없이 발견하고 있다. 나뿐만 아니라 이들의 긍정적인 성장을 자주 목격하다 보니 나도 모르게 주변 사람들에게 부캐를 권하는 입장이 되었다. 최근에 한국 마이크로소프트 전 직원을 위해 부캐에 관한 토크쇼를 하기도 했다.

많은 사례 중 제주도에서 두 아이를 키우고 있는 정원봉 씨의 일터 밖 파트너십과 그의 부캐 여정을 소개하고 싶다. 특이하게도 정원봉 씨는 서양화를 전공했다. 예술을 전공한 수많은 젊은이들처럼 그도 취업과 생계에 대한 걱정에서 자유롭지 못했다. 결혼해서 가장이 되었기에 어쩔 수 없이 부모님의 학습지 사업을 도우며 가족의 생계를 꾸리게 되었다.

그러나 학습지 사업은 그가 열정적으로 할 수 있는 일이 아니었다. 아직 젊은 그에게는 일을 하면서 성장하고 성취감을 느끼는 것이 너무나도 중요했다. 그러던 중 우연한 기회에 제주도에서 열린 청년들을 위한 소프트웨어 개발 캠프에 참여하게 되었다. 창의적이면서도 일을 하며 성장할 수 있는 소프트웨어 개발자로서의 삶을 점점 더 동경하게 되었다. 하지만 이미 30대를 넘긴 나이에 두 아이와 가족을 책임져야 하는 상황에서 지금 하고 있는 일을 접고 새로운 일을 할 수도 없는 노릇이었다.

그는 제주도 캠프에서 만난 마음이 잘 맞는 친구와 함께 꿈을 키워나가기로 했다. 시간 날 때마다 소프트웨어 개발 공부를 하고 그러한 과정을 유튜브로 기록했다. 대학에서 서양화를 전공해서일까, 아니면 부모님을 도와 교육 관련 업종에 종사해서일까, 그의 영상은 초보자가 따라 하기에도 부담이 없고 재미있기까지 했다.

곧이어 e-러닝 플랫폼들의 러브콜을 받아 인프런이라는 온라인 교육 플랫폼을 통해 튜토리얼 형태로 판매하게 되었다. 또한 그가 만든 초보자용 파이썬 강좌는 인프런의 대표 교육 콘텐츠가 되었고, 한 크라우드 펀딩 플랫폼을 통해 마케팅을 시작한 지 일주일 만에 1억 원이 넘는 수익을 올리기도 했다.

이제 그는 부모님을 도와서 하던 학습지 사업을 완전히 그만두었다. 그렇게도 원하던 개발자의 삶을 시작할 수 있게 되었기 때문이다. 현재 스타트업 기업의 개발자로 입사해 꿈꾸던 커리어를 만들어가고 있다. 근무지를 자유롭게 정할 수 있는 스타트업의 특성을 활용하여 어린 자녀들을 자연 속에서 마음껏 키울 수 있는 제주도로 이주해 행복한 일상을 꾸리고 있다.

그뿐만이 아니다. 외국계 기업의 마케팅 담당자로 고단한 직장인의 삶을 살다 프리랜서로 전향한 김영미 씨. 그녀의 부캐를 통한 일터 밖 파트너십 사례도 재미있다. 40대를 넘긴 나이지만 어쩐 일인지 그녀는 BTS의 초창기부터 그들의 매력에 푹 빠져들었다. 직장생활을 하면서도 꾸준히 BTS의 아미로 다른 아미들과의 커뮤니티를 이어나간 것은 물론 BTS의 윔블던 공연, 사우디아라비아 공연을 직접 참관하기도 했다.

그녀의 일터 밖 파트너십은 프리랜서로 전향했을 때도 새로운 영감과 기회를 주었다. 그녀는 서울의 명소에 에어비앤비를 두 군데 운영하고 있다. '무경계 스테이'라는 별칭을 가지고 있는 그녀의 에어비앤비는 해외 아미들이 한국을 방문해야 하는 이유가 될 만큼 그녀의 취향이 고스란히 녹아든 매력적인 공간이다. 그녀의 열정과 사람을 향한 따뜻한 시선은 제주도 창조경제 혁신센터의 생태계를 살리는 프로젝트에도 여실히 드러나고 있다. 로컬 크리에이터Local Creator들을 발굴하고 육성해 지역경제를 살리는 자발적인 생태계를 만드는 일에도 발 벗고 나선 것이다.

그녀의 파트너십은 지금 이 순간에도 성장하며 우리 사회 이곳저곳을 저마다의 개성은 살리면서도 함께하는 아름답고 건강한 곳으로 만들고 있다.

꿈이 꿈으로 끝나지 않는 시대가 정말로 그려지지 않는가? 100세 시대를 걱정만 하지 말고 내가 잘하고 좋아하는 것을 적극적으로 사람들과 함께 만들어가면 어떨까? 무궁무진한 기회를 내 것으로 만들 수 있는 활력의 시대가 우리 앞으로 성큼 다가왔다.

고졸 출신이 글로벌 기업의 한국 지사장으로

이필준 지사장

노르웨이 금속제련기업 엘켐ELKEM 한국 지사장을 거쳐 현재는 엘
켐 일본 지사에서 근무하고 있는 이필준 씨는《오늘은 여기까지만
하겠습니다. 아이와 만화 보는 날이라서요》,《5가지 기본력》을 출
간한 작가이기도 하다. 또한 세 아이의 아버지로 훌륭한 가정 파트
너십의 모델이다.

　그는 여타 한국인들과는 다른 자유로운 사고방식으로 한국과 일
본, 그리고 몸담고 있는 회사가 있는 노르웨이를 오가며 가족과 함
께 단란하고 행복한 삶을 꾸리고 있다. 나의 페이스북 친구인 그가
공유하는 단란한 가족의 일상은 늘 부러움의 대상이다. 하지만 그
가 쓴 책들을 통해 성장해온 과정을 들여다보면 그러한 행복을 결

코 쉽게 쟁취한 것은 아님을 알 수 있다.

"저는 대부분의 한국 학생들이 인문계 고등학교를 졸업하면 당연히 가는 대학을 가지 못했어요. 같은 고등학교 친구들이 대학에서 공부를 하고 미팅을 하고 동아리 활동을 할 때 저는 한 백화점의 계약직 판매원으로 일했거든요. 그리고 군대를 만기 제대한 직후 교통사고를 크게 당하는 불운도 겪었고요."

하지만 그의 성장 욕구는 누구도 꺾지 못했다. 일본 유학도 신문 배달 장학생이 그 시작이었다고 한다. 일본의 주오 대학교 무역학과에 입학해서도 '피루피루닷컴'이라는 일본 제품 도매 쇼핑몰을 창업했다. 이러한 그의 노력은 2004년에 MBC와 KBS의 다큐멘터리에서 청년 사업가로 소개되기도 했다.

"일본에서 NHK 한국어 강좌 강사, 대우인터내셔널의 영업사원을 거쳐 엘켐에 입사했어요. 저는 이런 모든 과정에서 늘 배우려고 노력했던 것 같아요. 그리고 늘 배운 것을 정리하는 습관이 있었어요. 그 덕분에 두 권의 책을 출간하게 되었고, 앞으로도 더 많은 책을 출간하는 꿈을 꾸고 있어요."

그는 일터 밖 파트너십을 통해 자신의 잉여력을 적극적으로 확장시키기로도 유명하다. 그는 가족을 위해 요리하는 것을 아주 좋아하는데 가족에만 머무르지 않고 더욱 발전시켜 서래마을에 직장인으로는 최초로 개인 주방을 소유하기에 이르렀다. 그곳에서 지인들과 함께 요리를 하고 다양한 모임을 가지기도 했다. 그러다 일본으로 이주를 결심하며 또 다른 딴짓을 떠올리게 되었다.

"한국과 달리 일본은 일자리가 넘쳐나 구직에 지친 많은 한국 청년들이 일본에서 취업해 일하고 있습니다. 2019년 한국의 구인 배율은 0.49인데 반해 일본은 1.55였어요. 코로나가 진행 중인 지금도 여전히 1.32로 한 명의 구직자에게 1.3배의 일자리가 있습니다. 반일 운동이 가장 뜨거웠던 2019년, 아이러니하게도 일본에 가서 취업한 사람들의 숫자는 최고 기록을 갈아치웠다고 해요. 저는 언론을 통한 왜곡된 뉴스가 아니라 실제 일본에서 일하고 성장하며 삶을 꾸리고 있는 한국인들의 이야기를 솔직하게 그려보고 싶었어요."

그는 1년 전 출간된 나의 책《홀로 성장하는 시대는 끝났다》를 읽고 막연했던 꿈을 실천할 수 있는 방법을 떠올렸다고 한다. 그리고 다음과 같은 글을 페이스북에 공유했다.

좋은 책을 만나면 실천하고 싶게 만드는 욕구가 생긴다.

작년 오늘 서점에서 만난《홀로 성장하는 시대는 끝났다》라는 책은 "혼자서 안 해도 되는구나"라는 생각을 강하게 만들어주었다. 당시 두 번째 책이 마무리되었기에 세 번째 주제를 찾으며 막연하게 일본으로 이주할 계획이 있었으므로 일본 이주에 관한 책을 생각하고 있었다.

하지만 일본 취업의 타깃은 20대, 30대인데, 40대인 내 이야기는 아무래도 거리가 있을 듯했고, 이런 고민을 하고 있을 때

《홀로 성장하는 시대는 끝났다》를 읽으며 해결 방법을 만날 수
있었다.

그는 일본 생활에 관해 이야기하고 글 쓰는 것에 관심이 많은
10명의 커뮤니티 멤버를 모집했다. 코로나로 인해 실제로 만난 것
은 딱 한 번뿐이었지만 격주로 화상회의를 하며 책의 주제, 방향
성, 기획 등을 논의했다.

"이 작업에서 정말 많은 것을 배웠어요. 모두 힘들었을 거예요. 비
영리의 일을 10명이 같이 해야 한다는 것은 흡사 10개의 구슬을
높은 곳에서 떨어뜨려 한곳으로 모으는 일과 같죠. 그래도 우린 끝
까지 해냈어요. 혼자 못 할 딴짓은 같이 하면 되는구나를 깊이 깨
달았어요."

그와 10명의 파트너가 함께 만든 책《오늘도 도쿄로 출근합니다》
는 최근 출간되어 절찬리에 판매 중이다. 삶의 활력과 진정한 성장
의 동력이 되어주는 일터 밖 파트너십은 이렇게 강력한 힘을 발휘
하며 수많은 이들의 삶을 에너지로 채운다.

나와 이웃,
사회를 밝히는 파트너십

○　　　　　　　　　당장 해야 하는 일을 잘하는 것을 떠나 우리 모두의 마음속에는 내가 태어난 이 세상을 조금이라도 따뜻하고 밝은 곳으로 만드는 데 기여하고 싶은 욕망을 누구나 가지고 있다. 하지만 나 한 사람이 무엇을 바꿀 수 있을까 하는 의구심도 있고, 나에게 그럴 만한 권한이 없다고 생각하기도 한다. 하지만 이것도 일터 밖 파트너십으로 얼마든지 바꿀 수 있다. 그러한 사례는 너무 많아서 여기에 다 소개하기도 어려울 징도이다.

개개인의 좋은 뜻이 모여 사회를 밝히는 커뮤니티 리더들이 곳곳에 자리 잡고 있다. 충북 로컬 크리에이터 커뮤니티를 이끌고 있는 이소연 씨는 어떤가? 지역경제의 주축이 되고자 오늘도 땀과 열정을 다하는 충북 지역의 젊은 사업가들을 커뮤니티로 묶어 서로 연대하고 도울 수 있는 교두보 역할에 혼신의 힘을 쏟고 있다.

학교 제도권 밖의 상처 입은 아이들을 따뜻하게 어루만져 주며 더 나은 길로 이끄는 일을 하는 김은형 작가도 있다. 그녀는 편안한 삶을 보장하는 교편을 내려놓고 《엄마의 스타일, 아이의 미래가 된다》는 책을 펴냄으로써 더 많은 아이들, 이 시대의 방황하는 부모들을 도우며 스스로 부모들의 귀중한 교육 파트너가 되고 있다.

50명이 넘는 직원을 이끄는 여성 대표이면서 동시에 대전 지역의 독서 커뮤니티 활성화를 위해 일터 밖 커뮤니티를 열심히 꾸려나가고 있는 채은경 대표와 강신철 교수도 빼놓을 수 없다. 자비를 털어서라도 지식인들의 성장 네트워크인 '새통시'를 꾸리고 있는 이순석 박사, 미국에서의 교수 생활을 내려놓고 공공의 이슈를 해결하기 위해 개발한 커뮤니티 매핑을 전파하고 있는 임완수 박사 등 많은 분들이 일터 밖 파트너십을 꾸려 우리 사회를 조금이라도 밝히기 위해 애쓰고 있다.

언제나 누구나 어디서나 성장할 수 있다는 마음가짐이 바로 성장 마인드셋이다. 그러한 성장 마인드셋을 나누고 북돋워 함께 성장해 나갈 수 있는 일터 밖 파트너십이 얼마나 큰 힘을 만들어낼지 상상하기 힘들다. 하지만 이 모든 것은 나와 내 주변, 나아가 우리가 속한 사회를 더 좋은 곳으로 만들겠다는 선한 영향력, 그리고 그것을 뒷받침하는 파트너십으로 가능한 것임을 잊지 않기 바란다.

전신장애를 이겨내고 더 큰 희망을 만든 파트너십

이상묵 서울대학교 교수

"모든 걸 혼자 너무 잘하려고 애쓰지 않고 타인과 파트너십을 만들면 더 많은 것을 할 수 있어요."

최근 서울대학교 자연과학대학 지구환경과학부 이상묵 교수를 만나 이야기를 나눌 기회를 가졌다. 한국의 스티븐 호킹으로 알려진 그는 목 아래를 움직이지 못하는 장애를 지니고 있다. 그는 휠체어에 앉아 짧지 않은 시간 동안 대화를 이어나갔다.

"2006년 지질 조사를 위해 방문한 캘리포니아 사막에서 차가 전복되는 바람에 척추를 다쳐 이렇게 전혀 움직이지 못하게 되었지요. 그나마 뇌를 다치지 않은 것이 얼마나 다행인지 몰라요. 그런데 신기하게도 다른 사람의 도움 없이는 전혀 움직이지 못함에도 불구하고 이전보다 더 많은 일을 할 수 있게 된 거예요."

이상묵 교수는 최근 많은 해외 유명 학자들에 의해 국제중앙해령연구협의체InterRidge의 의장에 추대되었다. 또한 그가 대표로 출전한 지구환경과학부는 서울대가 10개 학과를 선발하여 세계 10위권에 올리겠다고 추진하는 10-10 사업에 당당히 선발되기도 했다. 사고 이후에 국내뿐 아니라 국제사회에서도 이상묵 교수의 영향력은 오히려 더욱 커지고 있다.

"사고 이후에는 타인과 함께 일할 수밖에 없는 상황이 되었잖아요. 더욱 적극적으로 타인과 파트너십을 맺으며 일하다 보니 오히려 제 영향력이 커지더라고요. 이렇게 커진 영향력을 바탕으로 장애인도 차별 없이 일하고 또 능력을 발휘할 수 있는 사회를 만드는 데 이바지할 수 있으면 좋겠습니다."

그가 보여준 놀라운 회복 탄력성은 수많은 이들에게 영감과 감동의 원천이 되었고 실의에 빠진 사람들에게 희망의 메시지를 주었다. 타인과의 파트너십으로 더 큰 선한 영향력을 만들어가고 있는 교수님께 힘찬 응원을 보낸다.

선행도 파트너십으로, '끝전 나누는 사람들'

SK텔레콤 최우영

SK텔레콤에 근무하는 평범한 직장인 최우영 씨를 알게 된 것도 페이스북을 통해서였다. 그가 '운동하는 직장인'이라는 커뮤니티를 통해 사고로 인한 통증도 치료하고 몸짱이 된 사연을 재미있게 읽고 있었다. 그러던 어느 날 직장인들의 월급 끝전(천 원 단위 이하)을 모아 기부하는 프로젝트를 시작한다는 소식을 전하는 것이었다.

"방법은 단순해요. 카카오톡에 단체 카톡방인 '끝전 나누는 사람들'을 만들었어요. 그 카톡방에 참여하고 월급에서 천 원 단위 이하를 기부하면 되는 프로젝트입니다. 얼마나 많은 사람들이 모일지, 이렇게 적은 돈을 모아 얼마나 큰 금액이 될지도 모르겠어요. 일단 사람들에게 선한 목적으로 소속감을 느낄 수 있도록 하는 것이 목적이에요."

　나도 처음에는 너무 적은 금액이라 큰 기대를 하지 않고 참여했다. 그런데 알음알음 카톡방에 사람들이 모여들기 시작했다. 10명, 20명씩 모이더니 어느새 40~50명이 참여하는 작은 커뮤니티가 되었다.

　"프로젝트 리더로서 사람들이 지루하지 않게 참여할 수 있도록 약간의 이벤트를 하고 있어요. 매달 모금액을 맞히는 이벤트도 하고요. 가끔은 멤버들과 소소한 수다를 나누기도 하죠."

　금세 1년이 지났다. 나 또한 선한 목적으로 모인 사람들의 에너지를 느끼며 신나게 참여했다. 그런데 티끌 모아 태산이라고 했던가? 놀랍게도 1년 동안 모은 금액이 200만 원이 넘었다.

　"저도 사실 좀 놀랐어요. 몇천 원씩 얼마나 모을 수 있을까 싶었죠. 그런데 이렇게 작은 힘들이 모이니 적지 않은 영향력이 만들어지더라고요."

　드디어 얼마 전 모금액을 서울의 한 어린이 복지재단에 기부하기에 이르렀다. 우리 각자의 작은 노력이 모이면 이렇게 큰 힘이 된다는 것을 몸소 실천하게 된 것이다.

　"작은 소망이 있다면 내년에는 좀 더 많은 사람들이 모여서 더 많은 금액을 기부하는 것이에요."

　몸도 마음도 건강한 청년, 최우영 씨를 힘차게 응원하는 마음이다.

과거의 성공 방식이 통하지 않는 시대의
교육 파트너십

얼마 전 초등학교 학부모들을 위한 온라인 강연회에 초대되었다. 코로나 시대에 학교도 못 가고 친구들과도 놀지 못하는 아이들이 안타깝고 무엇을 할지 몰라 얼마나 불안할까 하는 마음에 흔쾌히 수락했다. 아나나 다를까 각종 불안한 마음이 잔뜩 담긴 사전 질문 수십 개를 전달받고 고민이 많이 되었다. IT 업계에 몸담고 있지만 나 또한 내 아이들의 미래까지 정확하게 예측하고 준비할 수는 없었다.

다행인지 불행인지, 이것 하나는 확실히 알고 있다. 지금 우리 아이들 걱정할 때가 아니라는 것이다. 당장 우리 부모들도 이제 겨우 30~40대이니 100세 시대에 60~70년을 어떻게 살아갈지 만반의 준비를 해야 한다. 아이들은 디지털에 금세 익숙해지고 국가 차원에서 준비하고 있는 디지털 전환 시대나 AI 시대를 위한 교육의 수혜를 받을 수도 있다. 하지만 우리 어른들은 그러한 변화에 가장 늦게 탑승할 가능성이 크다.

문제는 과거에 받았던 교육과 경험으로 미래 아이들 세대를 미리 예단하는 것이다. 아직도 무조건 좋은 대학, 대기업 취업을 위해 아이들의 잠재력을 짓밟는 부모들이 많다. 그리고 자신의 불안감을 아이들에게 마구 투영한다. 앞으로 펼쳐질 무궁무진한 가능성의 시대에 꽃도 피워보지 못하도록 시간과 에너지, 가능성을 빼앗는다.

과거에는 그렇게 참고 또 참아서 무수히 많은 지식을 머릿속에 욱여넣고 주어진 지식을 완벽하게 습득하여 문제를 풀고 정확한 답을 맞힐 수 있으면 만사형통이었는지 모른다. 하지만 지금은 그러한 성공 방식이 통하지 않는 시대이다.

사교육 시장도 대형 학원과 교육 기업을 중심으로 재편되고 있다. 부모는 소비자라는 소극적인 위치에 놓이는 구조가 공고히 되고 있다. 이제는 부모 스스로 깨어나 교육의 주최자로 거듭날 시기다. 더 좋은 사교육을 찾아다니며 내 아이가 다른 아이들을 누르고 경쟁에서 승리하는 데 모든 역량을 쏟아붓던 기존의 관행을 이제는 멈춰야 한다. 부모가 먼저 미래 사회를 좀 더 깊이 이해하고 성장을 위한 파트너십을 모색할 시점이다. 그런 과정에서 터득한 진정한 지식과 지혜로 아이들을 가르친다면 헬조선이라고 불리는 우리 사회가 조금씩 변화되지 않을까 조심스럽게 희망을 걸어본다.

그러한 희망을 일터 밖 파트너십으로 만들어가는 분들도 많이 있다. 씨앗과나무의 이은경 대표를 소개하고자 한다. 씨앗과나무에서는 아이들이 행복하면서도 풍부한 상상력을 가질 수 있는 방법을 공유한다. 놀이와 학습을 나누지 않고, 독서와 글쓰기의 구분이 없다. 아이들 양육 때문에 자신의 커리어를 포기했던 엄마들의 숨은 재능을 램프에서 지니를 불러내듯이 끌어낸다.

제2의 커리어를 꿈꾸는 엄마들의 희망

씨앗과나무 이은경 대표

우리 주변에는 아이들의 양육을 위해 자신의 커리어를 포기한 엄마들이 무척 많다. 아이들이 커갈수록 자신의 비전이나 꿈을 찾고싶은 욕망은 커지지만 현실적으로 쉽지 않은 일이다. 먹이고 입히는 기본적인 의식주 외에도 아이들은 끊임없이 엄마의 물리적인 보살핌을 필요로 한다. 학교에 다녀와 텅 빈 집에서 아이들이 느낄 소외감이 걱정스러워 쉽사리 풀타임 직업으로 돌아갈 엄두를 내지못하는 경우도 많다. 하지만 아이들과 서로의 성장을 응원하는 엄마들의 파트너십을 만들면 결코 쉽지 않은 이들의 현실에도 해결의 실마리가 생길 수 있다.

그 실마리는 우리 딸아이가 일주일에 한 번씩 참여하고 있는 '씨앗동화'라는 동화 쓰기 수업을 통해 발견했다. 일주일에 한 번씩 2~3시간가량 동화를 읽고 동화를 직접 써보면서 다양한 독후 활동을 하는 수업이다.

"저는 프랑스에서 세 딸을 양육했어요. 언어와 문화가 너무나 다른 프랑스에서 세 딸을 키우기 위해 오로지 도서관에 의지했답니다. 그러면서 프랑스식 과학 교육인 '라망 알라 빠뜨'와 같이 체험과 토론을 통해 지식을 확장시키는 놀이법을 독서와 연결하여 아이들을 키웠어요. 프랑스어 라망 알라 빠뜨La main à la pâte는 '밀가루 반죽에 넣은 손'이라는 뜻이에요. 밀가루 반죽으로 만든 쿠키나 빵을 먹는 데 그치지 않고, 조물조물 직접 만들어보면 사고의 출발점이 달라지거든요. 이유와 원인에 대해 근본적인 호기심을 가지게 되죠."

단지 자신의 딸들만 키운 것이 아니었다. 커뮤니티 리더십을 발휘하여 자신이 프랑스에서 배우고 경험한 독서를 통한 교육을 19년 전부터 차곡차곡 블로그에 남겼다.

"세 딸은 어릴 때부터 책을 읽은 후 뭔가를 만들고 글을 쓰는 '씨앗동화' 활동을 했습니다. 흔히 말하는 감상 활동이지만 줄거리를 요약하고 느낀 점을 쓰는 틀에 아이들을 가두고 싶지 않았어요. 반드시 해야 하는 규칙도 없었고요. 모자라면 모자란 대로, 없으면 없는 대로 아이와 함께 새로운 이야기를 지어내고 세상 모든 이야기를 소재로 놀았어요. 청소년이 된 아이들은 시와 소설, 시나리오를 쓰고, 영화를 촬영하기도 합니다. 작사하고, 작곡하고, 이런저런 악기를 연주합니다. 글쓰기와 음악 역시 결국 스토리텔링을 하며 노는 작업이죠. 씨앗동화 때부터 아이들은 스토리텔링을 하면서 놀았고, 그러한 놀이법이 지금도 이어지고 있는 셈이죠."

그녀는 이러한 교육과정과 가족의 일상을 블로그에 차곡차곡 기록했다. 그 기록을 본 출판사에서 연락이 와 홈스쿨링 관련 책을 내기에 이르렀다. 곧이어 문화센터에서 강의 요청이 들어왔고 강의를 들은 엄마들이 계속해서 더 배우기를 주문해 지도자 과정을 개설했다. 10개월 과정에서 단 1회의 결석만 허용하고 서로 높임말을 쓰는 등 규칙과 성실성을 강조했다. 성실하고 성장하고자 하는 열망이 높은 분들만 남게 되니 무엇을 하든 즐겁고 에너지가 넘친다.

"현재는 다양한 배경과 전공의 엄마들이 씨앗동화의 선생님으로 활동하고 있어요. 한국뿐 아니라 전 세계에서 260명의 꿈샘(씨앗동화 선생님을 부르는 명칭)을 배출했습니다. 건축을 전공한 엄마는 건축과 씨앗동화를 연구해서 다른 파트너 선생님과 나누고, 또 음악을 전공한 엄마는 음악과 씨앗동화를 접목해서 자료를 공유합니다. 각자의 재능과 전공, 호기심 어느 것 하나 버릴 것이 없어요. 쓰지 않을 때는 몰랐는데 잘 닦아놓고 보니 빛나는 그릇처럼 말이죠."

씨앗동화는 얼마간의 수강료를 받는다. 꿈샘 엄마들은 자신의 아이들을 잘 키우면서 동시에 연구자로서, 선생님으로서 세 마리 토끼를 잡을 수 있다. 아이들을 잘 키우면서도 든든한 미래를 스스로 만들어갈 수 있게 된 것이다.

"아이들도 이러한 성장의 힘을 경험해볼 수 있도록 다양한 프로그램을 개발하고 있어요. 2015년부터 매년 열고 있는 씨앗과나무 어린이 경제학교에서는 아이들이 스스로 회사를 만들고, 마켓에서 무엇을 팔지 구상을 해요. 그리고 회사 로고도 만들어요. 어떤 아이는 과일을 말려서 팔고, 독창적인 캐릭터를 만들어 팔기도 하고요. 각기 다른 축복의 말을 뽑을 수 있는 자판기도 있어요. 얼마나 기발하고 재밌는 아이디어들이 쏟아져 나오는지 몰라요."

이렇게 번 돈이 400만 원이 넘기도 했는데 아이들이 얼마나 큰 성취감을 맛보았을지 쉽게 상상할 수 있다. 모은 돈을 꼭 필요한 곳에 기부하며 아이들 스스로 함께 성장하는 힘을 몸소 체험했다. 경제를 글로 배운 아이들과 몸으로 익힌 아이들은 다를 수밖에 없다. 엄마도 아이들도 연대의 힘, 파트너십의 힘을 여실히 느끼며 성장해 나가는 훌륭한 사례가 아닐 수 없다.

누구나 할 수 있는 소셜네트워크

진정한 인재가 되기 위해, 변화에 발 빠른 대응을 하기 위해 일터 밖 파트너십은 필수이다. 소셜네트워크를 활용하여 나만을 위한 성장 플랫폼을 쉽게 만들 수 있다. 하지만 아래의 소셜네트워크를 지배하는 규칙을 이해하고 자신만의 전략과 원칙을 세워 자신의 성장에 유리한 방향으로 운영해야 한다.

규칙 1. 우리의 네트워크는 우리 자신이 만들어낸다.

규칙 2. 네트워크가 우리를 빚어낸다.

규칙 3. 친구들은 우리에게 영향을 미친다.

규칙 4. 친구의 친구의 친구도 우리에게 영향을 미친다.

규칙 5. 네트워크는 자체 생명력이 있다.

필요한 건 '100명 중 1인자' 되기

현실에서는 경쟁하지 않고 살 수는 없고, 회사 안에서의 좁은 네트워크만으로는 성장의 기회가 적을 수밖에 없다. 회사일에도 긍정적인 영향을 미치며 나만의 네트워크도 만들고 성장할 수 있는 방법을 일터 밖에서도 구축할 필요가 있다. 처음에는 내가 좋아하는 분야에서 100명 중 1인자가 되겠다는 목표를 잡고 한 발 두 발 나아간다.

내가 관심 있는 분야 또는 비전을 세운 분야에서 100명 중 1인자가 되어 2개 혹은 3개의 영역을 합치면 어느새 나만의 경쟁력을 확보하게 된다.

성장 구간, 커뮤니티 리더십이 기회의 발판으로

커뮤니티 리더십은 지식이나 경험을 나눠 공동체의 성장을 돕는 것이다. 자신이 터득한 지식을 카페, 지식인 혹은 유튜브를 통해 나눔으로써 지식을 필요로 하는 사람들과 커뮤니티의 성장을 돕는다. 자신이 가진 특장점을 활용한 콘텐츠나 서비스를 제공하다 보면 꼭 최고가 아니더라도 그 분야에서 영향력이 생긴다. 그리고 깜짝 놀랄 만한 영향력을 발휘하는 파트너십을 만들게 된다. 같이 성장하고 공부하면 긍정적인 영향력이 높아지고 이른바 부캐를 키울 수 있다. 자신의 위치와 상황에 맞는 다양한 부캐를 일터 밖 파트너십을 통해 개발할 수 있다.

결과, 파트너십은 나와 세상을 바꾸는 힘

성장 마인드셋은 누구나 성장할 수 있다는 마음가짐이다. 성장 마인드셋을 나누면 상상할 수 없는 큰 힘을 만들어내고 나와 내 주변, 나아가 우리가 속한 사회를 변화시킬 수 있다. 이를 뒷받침하는 것이 바로 파트너십이다.

파트너십 플랫폼 만들기 질문 리스트

나만의 강점 찾기	· 비전은 무엇인가? · 기여할 수 있는 분야는 무엇인가? · 다른 사람 대비 경쟁 우위는 무엇인가? · 자신의 배경이 관심 있는 분야와 어떻게 연결되는가?
커뮤니티 리더십 분야 찾기	· 관심 있는 분야는 무엇인가? · 왜 그 분야에 관심 있는가? · 그 분야를 지속적으로 할 의지가 있는가? · 그 분야에서 성공한 인물이나 도서, 커뮤니티를 리스트 업 하고 있는가?
플랫폼	· 지금 운영하고 있거나 활동하고 있는 플랫폼이 있는가? (오프라인 모임, 온라인 플랫폼) · 그중 자신 있는 플랫폼은 무엇인가? · 그 플랫폼에 기반이 있는가?(콘텐츠, 팔로워 등) · 플랫폼 롤모델이 있는가?

커뮤니티 리더십을 통한 파트너십 플로우

질문하는 힘

내가 과연
잘할 수 있을까?
시간을 낼 수
있을까? → 배우는
습관의
중요성 → **커뮤니티 리더십**
자신과
공동체의
성장을 위해
끊임없이 공부 → 온/오프라인에
공유 → **파트너십**
영향력
선순환

생각하는 힘

PARTNER-
SHIP

생존 방정식을
리셋하라

: 변화된 시대 성공을 돕는 개인 파트너십

조선시대 백수 박지원의
생존 비법

"전후에 보낸 쇠고기 장볶이는 잘
받아서 조석 간에 반찬으로 하니?
왜 한 번도 좋은지 어떤지 말이 없
니? 무람없다, 무람없어. 난 그게
포첩(육포)이나 장조림 따위의 반찬
보다 나은 것 같더라. 고추장은 내
손으로 담근 것이다. 맛이 좋은지
어떤지 자세히 말해주면 앞으로도

출처 위키백과

계속 두 물건을 인편에 보낼지 말지 결정하겠다."《고추장 작은
단지를 보내니》, 박지원 지음, 박희병 옮김, 돌베개, 2006.)

초상화 속의 근엄한 박지원, 조선사절단으로서는 최초로 북경을 거쳐 열하(지금의 허베이성 청더)를 다녀와 그 유명한 《열하일기熱河日記》(1780년)를 남긴 분이다. 이 글은 박지원이 노년에 처음 관직에 나가 지방에 기거하며 아들에게 보낸 편지의 일부이다. 누가 쓴 줄 몰랐다면 꼭 거제도 우리 어머니가 나에게 보낸 편지인 줄 알았을 것이다. 250여 년 전 조선시대의 명문가 아버지가 직접 요리도 하고 이리도 살뜰히 아들에게 편지를 썼다는 것이 믿어지는가?

"박지원은 1737년 한양의 사대부 가문에서 태어난 금수저이다. 하지만 한사코 과거시험을 보지 않고 관직에 나가는 것을 거부했다. 당파나 정쟁에 휘둘리는 따분한 관료의 삶을 예상하면 병이 날 지경이었다. 실제로 '내 나이 열일고여덟 살 적에 나는 오랜 병으로 몹시 지쳐 있어……'《지금 조선의 시를 쓰라》, 박지원 지음, 김명호 옮김, 돌베개, 2007.)라는 글을 남겨 그가 우울증을 앓았다고 예측할 수 있다."《조선에서 백수로 살기》, 고미숙 지음, 프런티어, 2018.) 꼭 지금의 대입시험에 지쳐 우울증과 자살 충동에 시달리는 청소년의 모습 같다.

그가 우울증을 극복하기 위해 했던 것은 과감히 과거시험을 포기하고 벗들과 함께 먹고, 마시며, 읽고 쓰는 공부를 평생 하는 것이었다. 벗들도 어찌나 다양했던지 저잣거리의 온갖 사람들, 나이 많은 노인들, 하인이나 한참 후배까지, 뜻이 맞는 이라면 어디든 찾아다니며 우정을 나눴다. 홍대용, 정철조, 이서구, 박제가 같은 실학자들과 사귀며 북학(조선 후기 청의 학문과 문물을 받아들이자는 학풍)을 이끈 것으로도 유명하다. 《열하일기》를 보면 그가 얼마나 사람 사귀는 일에 열려 있었는지 속속들이 알 수 있다. 약 6개월간 사신 일행을 따라다니는 동안 청나라 곳곳에서 수많은 사람들과 사귀며 배운 내용을 상세히 기록해두었으니 말이다.

박지원은 특히 함께 밥 먹는 것을 중요하게 여겼다고 한다.

> "아버지(연암)는 늘 남들과 함께 식사하는 걸 좋아하셨다. 그래서 함께 식사하는 사람이 언제나 서너 사람은 더 됐다."(《나의 아버지 박지원》, 박종채 지음, 박희병 옮김, 돌베개, 1998.)

박지원의 둘째 아들 박종채가 쓴 연암 평전의 한 토막이다. 박지원은 내면을 성찰하는 공부도 혼자 해서는 안 된다고 경고했다. 왜냐하면 세상 경험이 없으면 아무리 많은 공부를 하고도 쉽게 유혹에 무너지거나 자신을 잃어버린 채 잘못되거나 어긋난 행동을 하기 쉽기 때문이라는 것이다.

디지털 세상이 늘 희망과 기회의 땅은 아니다. 특히 혼밥, 혼공 등 무엇이든 혼자 하려는 사람들이 늘어나는 주요 원인이 된다. 스마트폰만 있으면 굳이 사람들과 대화할 필요가 없는 것처럼 느껴진다. 하지만 전혀 그렇지 않다. 함께 밥을 먹고 소소한 일상을 나누는 것은 생존에 반드시 필요한 일이며 창조 에너지의 근원이다.

AI 시대에 인공지능 로봇을 앞에 두고 밥을 먹고 일상을 나누는 미래를 떠올려보자. 어떤가? 아주 근사하게 느껴지는가? 우리가 기술을 발전시키는 이유는 인간의 행복을 위해서다. 행복한 삶을 위해서는 반드시 행복한 일상이 있어야 한다. 맛있는 밥상을 앞에 두고 두런두런 이야기를 나눌 수 있는 가족 또는 친구, 그 누구라도 필요하다. 그래야 우리가 먹는 것이 에너지가 되고 살아갈 힘이 된다.

스마트폰을 옆에 끼고 혼자 고독을 삼키고 있다면 우리가 그리는 멋진 미래는 영원히 오기 힘들다. 지금 당장 사람 공부를 하고 고독에서 탈피하려는 노력이 필요하다. 디지털 세계에도 결국 사람이 최고다. 참된 사람이 되어 참된 사람들과 함께 먹고 마시고 삶을 탐험하는 것이야말로 가장 멋진 삶이라는 것을 조선시대 백수, 껄껄 선생 박지원이 우리에게 잘 보여주고 있다.

하버드 대학교
행복 연구

하버드 대학교는 1938년부터 약 80년에 걸쳐 724명의 삶을 추적한 결과를 내놓았다. 조사 대상자들은 두 그룹으로 분류했다. 한 그룹은 하버드 대학교 학부 2학년 재학 시 연구에 참여한 엘리트 집단이고, 다른 그룹은 하버드 대학교가 있는 보스턴의 빈민가 출신으로 가난하고 결함이 있는 가정에서 태어난 사람들이다. 긴 세월, 심지어 연구를 처음 진행했던 사람들이 나이가 들어 세상을 떠난 뒤에도 그다음 연구자들이 바통을 이어 끈질기게 이들의 인생을 추적해나갔다. 바로 무엇이 인간의 행복을 결정짓는가에 관한 연구였다.

최고의 환경과 지능을 가진 부류와 가장 밑바닥 인생을 살고 있는 부류로 나눠 비교했으니 당연히 이러한 조건이 결과에 영향을 미쳤을 것으로 예측했다. 하지만 이러한 조건은 거의 영향을 주지 못했다. 조사 결과 행복의 조건은 부와 명예, 학벌 따위가 아니었다. 그렇다면 무엇이 인간의 행복한 삶을 결정짓는 요소였을까? 이 연구의 네 번째 총책임자를 맡았던 정신과 전문의 로버트 월딩거 박사는 테드TED 강연에서 이렇게 말했다.

"우리가 연구를 통해 밝혀낸 것은 삶의 질을 높이는 데 인간관계가 가장 중요하고, 사람들을 죽음에 이르게 하는 것은 외로움이라는 것입니다. 가족과 친구, 공동체와 많은 접촉면을 가진 사람들이 보다 행복하게 살며, 인간관계가 적은 사람들보다 육체적으로 건강하게 장수했습니다. 심지어 뇌의 발달에도 영향을 미쳐 더 성공적으로 산다는 것을 증명했습니다."

또 다른 책임연구원인 조지 베일런트 교수는 자신의 책《행복의 조건 : 하버드 대학교 인생성장보고서》(프런티어, 2010.)에서 이렇게 말했다.

> "건강하고 행복한 노년을 부르는 '행복의 조건' 7가지는 타고 난 부, 명예, 학벌 따위가 아니었습니다. 조건들 가운데 으뜸은 '고난에 대처하는 자세(성숙한 방어기제)'였습니다. 그리고 그 것을 뒷받침하는 것은 47세 무렵까지 형성돼 있는 인간관계였 습니다."

지금 자신이 어떤 조건에서 살고 있는지는 중요하지 않다. 특히 20~30대라면 베일런트 교수가 말한 47세까지 아직 많은 시간이 남아 있다. 당장의 시험 점수, 동료와의 경쟁, 부를 쌓기 위한 노력, 유흥을 위한 시간만큼이나 평생토록 유지하고 가꾸어야 할 소중한 인간관계에 대해 고민을 해야 한다. 물론 40대 이후라고 해서 인간 관계에 투자하기에 늦은 때는 아니다.

문제는 이처럼 중요한 인간관계를 체계적으로 배울 수 있는 곳이 거의 없다는 것이다. 예전에는 자연스럽게 인간관계를 맺을 기회가 많았다. 하지만 지금은 관계 맺기가 학교 친구 정도로 한정되어 있 다. 운이 좋게 행복한 가정에서 태어난 사람들은 몸에 밴 기존의 관계 맺기 공식에 따라 중요한 관계를 잘 맺고 인생에 필요한 파트너십도 잘 구축한다. 성공한 부모들이 자녀들에게 가정교육의 하나로 가르치는 것이다.

최근 넷플릭스를 통해 〈인사이드 빌 게이츠〉라는 3부작 다큐멘터리를 시청했다. 빌 게이츠는 마이크로소프트 회장직에서 물러나 아내와 함께 자선단체 빌 & 멜린다 게이츠 재단을 세웠다. 다큐멘터리는 그가 이 재단을 통해 어떻게 저개발 국가의 위생 문제나 소아마비 발생 문제를 해결하는지, 지구 온난화를 해결하기 위해 어떠한 노력을 기울이는지 자세히 다룬다. 그런데 이 다큐멘터리가 흥미로운 것은 중간중간 빌 게이츠의 성장 과정이나 마이크로소프트를 세우고 운영하면서 있었던 에피소드, 가족을 통해 어떻게 내면의 성장을 이루어가는지 등 흥미진진한 일대기를 엿볼 수 있기 때문이다.

그는 어릴 적 뛰어난 수학 실력과 타고난 승부욕으로 학교에서 상위권 학생이었다. 하지만 시애틀 지역 커뮤니티의 명사로 활약 중이던 그의 어머니는 아들인 빌 게이츠가 가족과 사회의 일원으로서 필요한 사회성을 갖추지 못하자 상담까지 받게 할 정도로 관계 맺기에 시간과 에너지를 투자했다. 경쟁을 최고의 미덕으로 여기는 냉혈한 대기업 회장에서 자선활동가로 새로운 삶을 살게 해준 그의 아내 멜린다 또한 그를 컴퓨터의 세계에서 사람이 사는 세계로 인도하며 내면의 성장을 이끌어냈다. 아무리 뛰어난 사람이라도 홀로 존재할 수 없으며, 내면의 성장을 이끌도록 돕는 친밀한 관계의 힘이 한 사람의 일생에서 얼마나 중요한지 잘 보여주고 있다.

친밀한 관계를 맺는 방법은 다양하지만 가장 역사가 깊고 보편적인 방법은 역시 결혼을 통한 관계 맺기다. 하지만 결혼은 일생일대에 가장 큰 파급력을 미치는 결정이기에 상당히 큰 부담이 따르기도 하다. 그만큼 강한 책임감을 요구하지만 잘 운영하면 효용성을 극대화할 수 있다. 또한 결혼을 통한 관계 맺기가 힘든 만큼 깨기도 힘들기 때문에 오래 지속될 가능성도 크다.

결혼이라는 제도를 통한 관계 맺기 외에도 서구 사회에는 다양한 동거 형태의 친밀한 관계 맺기가 발달해왔다. 유럽에 살고 있는 우리 팀원 중 한 명은 남자 친구와 동거하면서 자녀를 둘 낳아 길렀다. 그 자녀가 초등학교에 입학하자 뒤늦게 결혼한다는 소식을 알렸는데 자녀들과 함께 찍은 결혼 사진이 무척 안정적이고 따뜻해 보였다.

《여자 둘이 살고 있습니다》라는 책은 1인 가구를 위한 좁은 원룸이 아니라 번듯한 아파트를 공동 소유하며 여성 둘이 동거하는 내용을 위트 있게 그리고 있다. 최근 급속도로 증가하고 있는 1인 가구들을 위해 주방이나 거실 등을 공동 소유하는 형태의 주택도 늘어나고 있는 추세다.

어떤 형식으로 관계 맺기를 하든 건강하고 행복하게 살아가기 위해서는 일터와 일터 밖 파트너십과 더불어 사적이고 친밀한 관계의 파트너십이 필수이다. 특히 함께 일상을 공유하고 서로에 대해 애정 어린 관심을 주고받는 관계는 한 사람의 일생에 크나큰 영향을 미친다. 하지만 사적이고 친밀한 관계에서의 파트너십도 변화가 불가피하다. 그렇다면 현재의 모습은 어떠한지, 어떤 모습으로 변화해 가는 것이 바람직한지 자세히 살펴보자.

정서적인 지지대
만드는 법

○   우리는 전 세계에서 유례를 찾기 힘든 빠른 경제 성장과 민주주의를 이루어냈다. 그러다 보니 세대 간 격차가 그 어느 나라보다 극심하다. 전쟁과 기아를 경험한 노년층과 빠른 경제 성장을 경험한 중장년층, 그리고 디지털 혁신을 온몸으로 체득하며 자란 청년층이 나란히 공존하고 있다. 특히 이들이 모여 사는 가정이란 울타리는 각기 다른 민족이 함께 살고 있는 것만큼이나 이질성이 폭발하는 곳이다.

특히 가정은 기업이나 사회처럼 시대에 맞게 변화해야만 생존할 수 있는 곳도 아닐뿐더러 특별히 교육을 하지도 않는다. 그렇다 보니 현시대와는 맞지 않는 부모님의 관계 방식을 그대로 답습하는 경우가 많다. 어머니가 응당 집안일을 해오던 것을 보고 자란 아들은 결혼 이후에도 집안일을 하는 아내의 모습을 당연하게 여길 가능성이 크다. 아버지가 일평생 집안의 가장으로 경제적인 부분을 책임지던 모습을 보고 자란 딸들은 시대가 변해도 남자에게 경제적으로 의지하려는 경향과 비슷하다.

서로의 눈높이가 맞지 않으니 남녀 갈등이 있을 수밖에 없고, 그 갈등을 피하려는 회피 본능이 현시대를 이해하는 주요 키워드다. 골치 아프니 '나 혼자 산다'가 대세가 된 것이다.

> "배우자가 제공하는 정서적 지원은 생물학적, 심리학적으로 많은 혜택을 줍니다. 배우자뿐 아니라 친척이라도 친근한 사람과 가까이 지내면 심박동수 감소, 면역 기능 향상, 우울증 감소를 비롯해 다양한 효과가 나타나죠. 배우자는 서로에게 사회적 지원을 제공하며, 친구와 이웃, 친척으로 이루어진 더 넓은 소셜 네트워크에 서로를 연결시켜 줍니다."(출처 : L. J. Waite, 'Does Marriage Matter?' Demography 32, 1995, p. 485~508.)

인구통계학자 리 릴러드와 린다 웨이트, 콘스탄테인 파니스가 결혼했다가 헤어진 1만 1,000명의 남녀를 20년간 추적한 연구 결과를 위와 같이 발표했다. 친밀한 누군가와 함께 사는 것은 그 자체로 건강한 삶에 도움이 되고 결과적으로 수명을 늘려준다. 결혼해서 함께 사는 남녀와 그렇지 않은 남녀의 수명 차이를 장시간 조사하여 발표한 통계 자료도 있다. 남자는 결혼을 통해 7년 더 오래 살고 여자는 2년 더 오래 산다.(출처 : L. A. Lillard and I., J. Waite, 'Til

Death Do Us Part? Marital Disruption and Mortality', American Journal of Sociology 100, 1995.)

'나 혼자'가 아닌 '함께' 살면 어떤 혜택을 얻을 수 있는지에 대한 연구 조사는 이외에도 넘쳐난다. 하지만 전제가 있다. 함께 살면서 서로의 이익을 최대한 배려하고 지지해주는 관계여야 한다는 것이다. 서로가 풍부한 정보원이자 조언자가 되기도 하고 온갖 종류의 일을 도와줄 수 있는 만능 조수가 되어주기도 한다. 이 모든 것을 외부에서 조달하려면 비용도 많이 들 뿐 아니라 상당히 번거롭고 어려운 일이다.

어떻게 하면 서로의 이익을 최대한 배려하며 지지하는 관계로 '함께 살 수 있는가?' 각 세대가 가지는 특징들과 사회의 변화를 고려할 필요도 있다. 현재 기성세대가 젊은 세대에게 무작정 결혼과 출산을 밀어붙이는 것은 건설적인 논의에 아무런 도움이 되지 않는다. 디지털 세대의 사고방식을 이해한다면 오히려 다양한 가능성을 열어두고 그들이 스스로 선택하도록 하는 것이 낫다.

'함께 사는 삶'의 방식 중 가장 어려운 결혼과 출산을 강요하기보다는 우선 내가 누구인지 알 수 있도록 시간과 기회를 주는 것이 먼저이다. 부모 이외에 다양한 사람들과 '함께 사는 삶'을 경험해보고 최종적으로 평생의 배우자를 만나는 것이 바람직하다. 특히 우리 사회는 한 개인이 '내가 누구인지'를 알 수 있는 교육적인 토대가 매우 빈약하다. 그로 인해 누구와 어떻게 함께 살아야 하는지 고민해볼 시간이 너무 짧다.

다른 나라에 비해 우리나라는 한 사람이 오롯이 자기 자신으로 설 수 있는 시기도 매우 늦는 편이다. 서구 사회는 대부분 성인이 된 자녀가 독립하지 않고 부모와 함께 사는 것에 대해 매우 부정적인 시각을 가지고 있다. 늦어도 20세에는 독립해서 스스로 삶을 꾸려나간다. 하지만 우리는 긴 학업과 경제적인 이유 등으로 부모에게서 독립하지 않는 청년들이 많다. 당연히 가족이 아닌 타인과 함께 살기 위해 필요한 능력이 부족할 수밖에 없다.

자신에 대한 이해, 타인과 함께 살아가는 데 필요한 능력이 부족한 상태에서 덜컥 결혼을 선택하니 여기저기서 파열음이 들릴 수밖에 없다.

"맞벌이하다 임신 출산으로 남편이 외벌이를 하면서 살림 육아의 육체적, 정신적 고통은 이루 말할 수 없어요. 남편은 돈 벌어 온다는 이유로 살림과 육아는 나 몰라라 하고. 도와주지 않는 건 그나마 이해하겠는데 남편까지 애 다루듯 일일이 챙겨줘야 하니 더 힘들어요."

"맞벌이하며 아이를 키우고 있는데 정말 몸이 10개라도 모자라요. 대부분 아빠들은 '내 알 바 아냐'라는 생각인 듯해요. 심지어 시댁에도 충성해야 하고 남편들은 자신도 아이라고 생각하

는 것 같아요. 제가 자신의 제2의 엄마라고 생각하는 게 아닌

가 싶을 때도 많아요."

　이러한 현상은 통계에도 명확하게 드러난다. 해마다 이혼율은 점점 증가하여 2019년에는 11만 건이 넘었다. 2019년 한 해 동안 결혼 건수는 23만 건이었고, 이혼 건수는 그 절반가량이었다. 코로나로 삶이 더 팍팍해진 2020년의 상황은 더욱 암울할 것으로 짐작된다. 앞선 세대들을 보고 자라나는 이후 세대는 더욱 상황이 심각하다. 20~30대 미혼 여성 중 결혼을 선택하겠다는 비율은 20% 안팎에 불과하니 말이다.('결혼이 하고 싶다는 미혼남, 꼭 할 필요 없다는 미혼녀', 「조선비즈」, 2020. 11. 참조)

　과거나 현재나 함께 사는 삶은 경제적으로나 의학적으로 장점이 많다. 다만 함께 사는 삶을 잘 꾸리기 위해서는 역설적으로 독립적인 개인으로 살아갈 수 있는 힘이 있어야 한다. 부모님이 제공하던 의식주에 대한 서비스를 함께 살아갈 파트너에게 의존해서는 안 된다. 또한 스스로의 성장을 책임지고자 하는 자세를 유지해야 한다. 건강하고 독립적인 개인이 평등하고 수평적으로 함께 살아가면서 서로의 이익을 최대한 배려할 때 정서적인 지지대로서의 파트너십이 가능하다.

부자는 현명하게 버틴다,
가족 파트너십으로

"터네서티, 터네서티, 터네서티! Tenacity, Tenacity, Tenacity!"

○   마이크로소프트의 2대 회장 스티브 발머가 절규에 가까운 외침을 내뱉었다. 해마다 7월이면 마이크로소프트는 새 회계연도를 시작하기 위해 전 세계 직원이 미국의 한 도시에 모인다. 바로 그 자리에서 거구의 회장이 넓은 무대를 종횡무진 가로지르며 힘껏 소리치고 있었다.

'고집, 끈기, 강인함'을 뜻하는 터네서티Tenacity는 그렇게 특별한 단어가 아니다. 그런데 나와는 너무나도 다른 상황에 있는 스티브 발머 회장, 빌 게이츠의 하버드 대학교 동창이자 마이크로소프트를 수년간 최고의 자리로 이끈 장본인이 나와 똑같은 심정으로 절규하듯 '터네서티'를 외치고 있는 것이 아닌가?

1만여 명의 마이크로소프트 직원들이 모인 애틀랜타 올림픽 스타디움, LA를 거쳐 24시간 동안 날아왔지만 한창 젖먹이 아들을 두고 온 죄책감, 적응되지 않는 시차와 영어에 몸과 마음이 녹초가 된 순간이었다.

그보다도 마이크로소프트에서 맡은 서비스가 수년간 해마다 사용자가 줄고 있는 상황에서 마음의 짐이 너무나 무거웠다. 한국에서 유일한 프로덕트 마케팅 매니저로 온갖 노력을 기울여도 경쟁사의 압박은 너무나 거셌고, 본사의 제품은 변화에 빠른 국내 고객의 요구에 부응하지 못했다.

아니, 내가 부족해서였다. 첫아이를 임신하고도 대학원에 등록해 뾰족한 묘수를 찾아내려고 백방으로 노력했고, 몇 안 되는 한국 팀이지만 정말 밤낮없이 머리를 맞댔다. 간절히 노력하고 기도했다. 그것도 몇 년을. 하지만 상황이 나아질 기미가 없었다. 좌절과 절망으로 마지막 출장이란 생각마저 하던 바로 그 순간이었다.

그때 세계 최고의 회사를 수년긴 이끌고 있는 사람도 나와 같은 고민을 하는 처지라는 묘한 동질감이 들었다. 내 인생과는 전혀 비슷한 면도 없고 겹치지 않을 것 같은 스티브 발머의 심정이 절절히 내 마음에 와 닿는 것이었다. '터네서티'라는 단어는 그 이후 10년간 나를 지탱하며 성장으로 이끌어준 마법의 단어가 되었다.

하지만 터네서티, 즉 끈질기게 물고 늘어지는 자세는 단순히 버티라는 의미가 아니다. 마이크로소프트뿐 아니라 대부분의 소프트웨어 제품들의 첫 번째와 두 번째 버전은 완성도가 많이 떨어진다. 더구나 처음 출시하는 서비스이니 세상의 반응도 썩 좋을 리 없다. 하지만 터네서티, 즉 포기하고 싶은 마음을 버텨내고 끈기 있게 계속 개선점을 찾아 도전하라는 의미다. 그리하여 마침내 고객이, 세상이 인정하는 그 순간까지 인내하며 개선하는 자세를 말한다.

세상에는 수만 가지의 성공 전략이 존재한다. 부를 모으는 법, 아이를 교육하는 법, 회사에서 승진하는 법, 기업을 경영하는 법 등 모든 영역에 걸쳐 인류가 발견하고 정리해온 성공 기법들을 손만 뻗으면 얻을 수 있는 세상이다.

하지만 성공 기법들을 섭렵한다고 모두 성공하는 것이 아니다. 오히려 성공하는 사람은 손에 꼽을 정도다. 최근 가장 잘나가는 베스트셀러나 유튜브 콘텐츠는 대부분 '부자 되는 법'이다. 주식을 해라, 부동산을 사라, 스마트 스토어를 개설해라, 하다못해 부자가 이미 되었다는 자기 최면, 즉 '해빙하라'까지 방식도 다양하다.

이런 책을 읽고 강의를 들으면 당장에라도 부자가 될 것 같은 희망이 샘솟는다. 늘어난 통장 잔고, 한강변의 아름다운 집과 멋진 자동차가 곧 내 것이 될 것 같은 희망에 사로잡힌다. 당장 돈이 없어도 부의 추월차선을 만들겠다며 마통(마이너스 통장), 영끌(영혼까지 끌어모아)하여 대출을 받는다. 빚도 능력이라며 한껏 어깨에 힘이 들어간다.

재미있는 것은 세계나 나라 경제가 혼란할 때일수록 이런 현상이 더욱 심해진다는 것이다. 지금 20~30대는 경험이 적거나 없기 때문에 이번 주식 호황, 이번 부동산 호황은 다를 것이라고 생각하지만 역사는 돌고 돈다.

내가 사회에 나온 이후로 적어도 세 번 정도 이러한 혼란기가 있었다. IMF가 첫 번째이고, 리먼브라더스 사태, 그리고 서브프라임 모기지 사태이다. 물론 각각의 원인과 결과가 다르고 다양한 양상을 띤다. 하지만 확실한 공통점은 장기간의 호황 직후, 즉 수많은 일반인들이 시장에 참여하여 희망에 부푼 바로 그때, 이러한 위기들이 소리 소문 없이 등장했다는 것이다.

처음에는 어느 누구도 위기의 본질을 제대로 보지 못한다. 언론과 전문가들은 대부분 위기의 피상적인 원인을 바탕으로 곧 회복할 거라느니 혹은 언제쯤이면 회복할 거라는 이야기를 한다. 물론 이들이 예측한 것보다 훨씬 깊은 골을 남기고 좀 더 긴 기간을 거쳐 대부분 회복되기는 한다. 경제는 대체로 그렇게 회복하지만 시장 참여자인 개인은 딱 세 부류로 나뉜다. 위기 전으로 회복하는 사람, 위기 전보다 더 크게 자산이 성장한 사람, 마지막은 완전히 망한 사람이다.

세 분류가 생겨나는 결정적인 차이는 무엇일까? 바로 누가 최종까지 버텼느냐에 있다. 아무리 경제지표가 바닥을 기고 투자 원금이 반 토막 나도 버틸 수 있는 힘이 있는 자는 결국 회복한다. 더 크게 성장하여 부자가 되는 사람은 바로 그 시점에도 이전과 똑같이 자신이 정한 일정 금액을 꾸준히 투자하여 저점에서 알곡을 모은 사람들이다. 충분히 공부하고 믿을 만한 전문가와 파트너십을 맺어 고른 종목이라면 이런 위기에 흔들려도 곧 다시 성장하기 마련이다. 꾸준하게 버텨내는 힘이 없다면 아무리 좋은 지식으로 무장하고 있다 한들 부자가 되기 어렵다.

성공을 위해 책을 읽고, 강의를 듣고, 성공 전략을 습득하는 것은 정말 바람직한 일이다. 나 또한 고시원에서 월급 50만 원으로 생활하던 시절부터 지금까지 성장하는 과정에서 좋은 자기계발서와 강의가 큰 힘이 되어주었다. 하지만 아무리 좋은 성공 전략도 말콤 글래드웰이 말한 1만 시간의 법칙, 공자가 《논어》에서 말한 '습習', 즉 몸에 밸 정도의 시간을 버티는 힘이 없다면 무용지물이다. 무엇이든 빠르게 얻고 습득하는 데 익숙한 우리가 잃어버린 능력은 결국 현명하게 버티는 힘이다.

그런데 그것 아는가? 아무리 강하고 유능한 사람도 홀로 고통과 공포 혹은 좌절의 시간을 버텨내기는 너무나도 어려운 일이라는 것을. 나를 지지하고 격려해주는 든든한 파트너들로 내 주변을 채워야 긴 어둠의 터널을 현명하게 지날 수 있다.

특히 내가 가장 힘들고 고독할 때 가까이에서 변함없이 지지해줄 가족을 제1파트너로 만들어두어야 한다. 스티브 잡스가 자신이 만든 회사인 애플에서 쫓겨났을 때 나락에 떨어져 좌절하던 그를 일으켜 세운 것은 가족이었다. 스티브 잡스뿐 아니라 수없이 많은 위인들이 가족의 지지가 없었다면 험난한 여정을 버텨내고 마침내 위대한 일을 해낼 수 없었을 것이다.

지금 당장은 가족을 만드는 것이 거추장스럽고 무용해 보일 수 있다. 젊음의 자유를 빼앗고 심지어 끝도 없는 희생을 강요하는 반면 얻는 것은 적어 보인다. 하지만 인생은 길고, 버티는 것 말고는 다른 길이 없어 보일 만큼 절망적인 순간들도 많다. 부모님은 늙어

가시고 언젠가는 우리를 떠날 시점이 온다. 쿨하고 느슨한 연대만으로는 지루하고 긴 인생을 슬기롭게 버티지 못할 확률이 크다는 것이다.

어렵고 부담스럽지만 가장 소중한 가족. 어떻게 하면 건강한 파트너십으로 더욱 행복하게 꾸려나갈 수 있을까? 다음 장에서는 우리가 맺는 친밀하고 사적인 파트너십 중 가장 정점에 있는 가족 파트너십에 대해 더 알아보고 이 시대에 맞는 관계 맺기를 고민해보고자 한다.

짐이 되는 가족
vs. 힘이 되는 가족

○   맞벌이 부부의 과중한 노동 강도, 남성들의
과도한 경제적 책임, 육아와 집안일에 지친 기혼 여성들의 하소연.
주변에서 흔히 듣고 경험하는 것들이다. 분명 사랑해서 결혼했고,
눈에 넣어도 아프지 않을 소중한 아이들인데, 왜 이런 현상이 지속
되는 것일까? 수많은 이유가 있겠지만 무엇보다 현재의 많은 가족
들이 변화하는 현실에 제대로 적응하지 못하고 있기 때문이다.

이미 남녀의 교육 수준과 사회 진출이 비슷하고 남녀 구분 없이
경제활동을 하는 것이 일반적인 사회관념으로 받아들여졌다. 하지
만 가정에서 역할 구분, 특히 가사와 양육을 대하는 남자들의 시각
과 태도는 여전히 과거에 머물러 있는 경우가 많다. 그렇다고 꼭 남
자들만 시대에 맞지 않다고 할 수는 없다. 아직도 수많은 미혼 여

성들이 미래의 남편감으로 자신보다 학벌이 좋거나 경제적인 우위를 갖춘 사람을 원한다. 남자들이 평생 마음에 부담으로 가지고 있는 것은 처자식을 굶겨서는 안 된다는 위기감일 것이다. 자신의 존재 이유까지 위협당하기 때문이다. 따라서 남자들은 집안일이나 양육에 시간과 에너지를 쓰기보다는 사회에서 확실한 위치에 오르는데 투자하는 것이 낫다고 생각하기 쉽다.

하지만 시대가 바뀐 만큼 가정의 문화도 변화가 불가피하다. 위기와 기회는 남녀를 구분해서 오지 않는다. 심지어 아이와 어른을 구분하지도 않는다. 디지털 트랜스포메이션이 연결과 융합을 통해 빠르게 변화하듯이, 가족 구성원 중 누가 위기와 기회의 대상이 될지 예측할 수 없다.

예전에 옆 부서에서 일하던 동료가 회사를 그만두고 당시 초등학생이던 아들의 유튜브 방송을 돕는다고 했다. 대부분의 부모라면 이해할 수 없을 것이다. 그렇게 아빠와 엄마의 도움으로 쑥쑥 성장하던 아이의 유튜브 방송은 대한민국 초등생이면 모두 알고 있는 바로 그 마이린TV이다. 인스타그램으로 멋진 사진을 찍어 올리고 팔로워들과 소통하던 평범한 가정주부가 강남의 대형 오프라인 신발 매장보다 많은 신발을 전 세계에 팔고 있다. 반대로 잘나가던 대기업 부장 아버지는 언제 회사에서 명예퇴직을 당할지 예측할 수 없다.

이제 아빠는 밖에서 돈 버는 사람, 엄마는 그런 아버지를 지원하며 자녀 뒷바라지를 하는 관계로는 긴 인생의 여정을 행복하게 살아갈 수 없다. 부모와 자녀의 관계도 마찬가지다. 부모는 자식이라는 새로운 생명체를 낳고 기르면서 진정한 인간으로 다시 태어난다. 자녀와 함께 인격적으로 성장하면서 더 큰 꿈을 꾸고 인생 후반기로 갈수록 더욱 단단한 성장을 이룩할 수 있다.

우리가 익히 알고 있는 위인들이 왕성한 작품 활동을 하거나 혹은 큰 뜻을 품고 인류 역사에 큰 획을 그은 나이를 조사해보면 대부분 50대 이후이며 심지어 60대 이후도 많다. 독일의 대표적인 작가이자 철학자, 과학자인 괴테의 작품들은 대부분 60대에 쓰여졌다. 프랑스의 대표 작가 빅토르 위고 역시 60대에 그 유명한 《레미제라블》을 발표했다. 노벨상을 수상한 사람들도 뛰어난 학문적인 성과는 오랜 세월 성장시켜 온 인격이 바탕을 이루고 있다. 특히 방사선을 발견하여 노벨상을 두 번이나 수상한 퀴리 부인도 남편과 두 딸의 정서적인 지지가 없었다면 위대한 발견은 불가능했을 것이다.

이제 서로의 생존을 위해 존재하던 가족의 정의가 바뀌어야 할 시기가 왔다. 새롭게 가정을 만들어야 할 젊은이들이 가족이 자신의 생존에 도움이 되지 않고 오히려 짐이 된다고 생각한다. 그렇다면 가족은 어떤 존재가 되어야 하는가? 생존이 아니라 서로의 성장을 위해 존재하는 관계로 바뀌어야 한다. 일터에서의 성장이 아니라 이 세상에 태어난 사람으로서 실존적인 성장을 지원하고 응원하는 에너지의 근원이 바로 가족이다. 서로의 성장에 도움이 되어 줄 파트너 관계로 승화되어야 하는 것이다.

우리의 자녀 교육도 장기적인 관점에서 변화가 필요하다. 가정에서 자녀의 역할은 '너 혼자' 잘살기 위해 공부하고 취업을 준비하는 것으로 굳어져 있다. 부모의 역할은 '너 혼자'를 위해 성장하는 자녀를 지원하는 것이다. '나'의 성장에만 집중하고 나 하나 먹고살 일자리를 얻기 위해 대부분의 인생을 경쟁하며 보낸 자녀들이 사회에 나와서 누군가와 함께 잘살기란 너무나 어려운 일일 수밖에 없다. 전쟁터에서 자신을 지킬 무기로 총뿐만 아니라 갑옷이나 방패도 필요하다. 그런데 우리는 자녀들을 아무런 갑옷이나 방패 없이 전쟁터에 내보내고 있다.

해외의 팀원들에게 그들의 결혼과 자녀 교육에 대해 이야기를 들을 기회가 많다. 아이들이 집안일을 거드는 것은 기본이고 10대가 되면 아르바이트 등으로 경제활동을 시작하는 경우도 많다. 최근 글로벌 팀원들과 팀 빌딩 활동의 일환으로 자신의 어린 시절과 성장 과정을 공유하는 '나는 누구인가Who am I?' 세션을 진행한 적이 있다. 예상은 했지만 모든 팀원들이 자신의 학창 시절에 이미 다양한 경제활동으로 스스로의 삶을 준비했다는 것이었다. 고등학생 때부터 호텔이나 사무실 청소를 하거나 빵집에서 조수로 일한 경험 등을 털어놓았다. 그리고 모두 공통적으로 20대 이후에 독립하여 스스로의 일상을 매니징했다는 것이었다.

최근 대학생들을 위한 강연을 할 기회가 많았다. 그때마다 많은 학생들이 지금 학창 시절에 꼭 해야 할 것이 무엇이냐고 묻는다. 나는 자신 있게 이야기한다. 자신을 이해하기 위해 다양한 컨텍스트context, 즉 다양한 상황에 자신을 넣어보라고 말이다. 그러면서 내가 어떻게 반응하는지, 내 감정은 어떻게 변화하는지 관찰하고 이해하는 것이다. 불편한 여행, 깊은 우정, 아픈 사랑, 뜨거운 승부, 치열한 삶의 현장을 모두 경험해보라. 그게 힘들다면 책을 통한 간접경험이라도 열심히 해보라. 학생 신분은 이런 좌충우돌이 너그럽게 용인되는 유일한 시간이니 부디 그 시간을 낭비하지 말라고 조언한다.

나에 대해 충분히 이해하는 시간을 가지지 못하고 결정한 직장, 결혼, 수많은 관계들이 우리를 얼마나 불행하게 만드는가? 그러한 불행이 나뿐만 아니라 나를 둘러싼 관계들, 그리고 다음 세대까지 이어지는 것을 우리는 얼마나 자주 목격하는가? 기성세대가 도울 일은 자녀들과 청년 세대들이 스스로에 대한 이해를 높이고 자신의 삶을 스스로 꾸릴 수 있는 독립적이고 강인한 인격을 형성할 수 있는 문화와 제도를 정비하는 것이다. 어린 시절부터 학업에만 매진할 수밖에 없는 대입 제도, 시험으로 일생을 결정하는 자격증 제도와 채용 절차부터 바뀌어야 한다.

하지만 제도와 문화가 바뀌기까지는 너무나 오랜 시간이 걸린다. 하루하루 치열한 삶에서 지금 당장 가족 파트너십을 세우고 효과를 얻기도 힘들다. 코로나로 가장 크게 위기를 겪는 곳도 가정이다. 정답은 없다. 사람들의 개성이 다르듯 가족의 파트너십도 각기 다를 수밖에 없다. 일터와 일터 밖 파트너십처럼 객관적인 자료를 내밀기도 어렵다.

맞벌이로 두 아이를 10대가 될 때까지 키우면서 내가 할 수 있었던 가장 쉽고 효율적인 방법은 다른 가족, 특히 가족 파트너십을 잘 수립하고 있는 가족을 벤치마킹하고 우리 상황에 맞게 조금씩 적용해보는 것이었다.

그런 의미에서 우리 가족의 좌충우돌 파트너십 과정을 조심스럽게 공유해보려고 한다. 벤치마킹을 할 만한 수준은 결코 아니다. 하지만 누구나 처음부터 완벽하지 않다는 것을 아는 것만으로도 큰 위로가 될 때가 있다. 부족하지만 나도 시작할 수 있다는 희망의 메시지가 누군가에게 가 닿기를 기대하는 마음이다.

맞벌이 부부를 위한 현실적 대안, 육아 파트너십

○   전혀 다른 두 인격체가 만나 결혼을 하고 가정을 이룬다는 것은 정말 놀라운 일이다. 그런데 이 놀라움에서 그치지 않고 과연 우리 인간이 할 수 있는 일일까 싶은 기적도 함께 만들어낸다. 바로 이 세상에서 가장 완벽한 창조물, 그 어떤 첨

단 기술로도 만들어낼 수 없는 인간을 탄생시키는 것이다. 이러한 사건은 정말 기적이라고밖에 말할 수 없다. 어제만 해도 꿈틀꿈틀 애벌레였던 존재가 갑자기 완전히 다른 생명체인 나비가 되는 것보다 백만 배쯤 놀라운 기적이다. 어떻게 사람 몸에서 또 다른 사람이 만들어지고 태어난단 말인가? 지금도 놀랍기 그지없는 순간이다.

하지만 기적의 순간도 잠깐, 나와 남편이 창조한 이 순진무구한 생명체를 먹이고 입히고 가르쳐야 한다. 기적을 맛본 대가치고는 다소 가혹한 임무인 것이 사실이다. 나도 남편과 함께 만든 두 창조물을 10년이 넘게 키우는 임무를 실행 중이다. 지금은 꽤 그럴싸한 부모 모습을 갖추었지만 솔직히 나도 남편도 부모는 처음이었다. 심지어 핵가족에서 자라 주변에 아기나 어린이를 본 적도 없다. 아이는 어른과 다르다는 것을 인지하는 데만 수년이 걸렸다. 대부분의 부모가 우리와 비슷할 것이다. 30년 넘게 공부하면서 사람을 어떻게 길러야 하는지 배운 기억이 없다.

나는 배우를 꿈꾸는 남자와 결혼하여 두 아이를 낳고 워킹맘으로 15년을 보내고 있다. 친정은 거제도에 있고 시댁은 인천이지만 시부모님 모두 병마에 시달리다 돌아가셔서 육아에 도움받을 친인척이 전무했다. 첫째 아들을 낳고 3개월 육아휴직을 한 후에 씨터넷, 단디 헬퍼 등의 인터넷 사설 업체를 통해 출퇴근 육아 도우미 이모님을 소개받았다. 그런데 아들이 너무 무겁고 엘리베이터도 없는 4층 빌라를 왔다 갔다 하시다 그만 허리에 병이 생겨 1년 만에 그만두셨다. 이제 막 돌 지난 아기를 새 보모에게 맡겨야 한다니. 그때의 막막한 심경이 아직도 서늘하게 느껴질 정도로 가슴에 새겨져 있다.

3년 뒤에 태어난 둘째 딸을 돌봐주신 조선족 할머니들, 거제도에서 왕복 10시간을 왔다 갔다 하며 도움을 주신 친정엄마까지 15년간 약 10명이 넘는 분들의 도움으로 아이들을 키웠다. 퇴근하고 녹초가 되어 집에 돌아오면 보모들과 교대해 아이들을 돌봐야 했다. 남편도 도움을 주려 했지만 아이들은 줄기차게 엄마만 찾아댔다.

회사일도 녹록지 않았다. 월 50만 원을 받고 벤처기업에서 일하며 IT 업계에 입문했으나 다니던 회사가 망했다. 이후 마이크로소프트에 입사했지만 내가 맡은 서비스는 7년간 하락세였고, 팀도 다섯 번이나 없어지는 불운을 겪었다. 일을 그만두고 싶은 순간도 수백 번이었다. 그런데 이상하게도 힘들게 버텨내기를 수없이 반복하다 보니 내 안에 새로운 에너지들이 생겨나는 것이 느껴졌다.

회사에서의 스트레스가 극에 달해 집에 돌아오면 '엄마' 하고 달려드는 아이들로 회사일을 생각할 틈이 없었다. 아이들 뒤치닥거리며 밀린 집안일을 하고 지쳐서 잠들었다. 아이들이 태어나기 전에는 대부분 앉아서 머리를 많이 써야 하는 수많은 IT 업계 직장인들처럼 만성 불면증으로 늘 고생하던 나였는데 말이다.

애초에 기댈 곳이 없어서인지 남편과 나는 아이들을 키우고 가족을 관리하기 위한 파트너십을 구축하는 데 사활을 걸었다. 한 명의 수입이 오롯이 아이 돌봄 비용으로 들어가고 엘리베이터도 없는 빌라에 사는 한이 있어도 든든한 양육 파트너십 구축에 비용을 아끼지 않았다. 우리가 각자의 성장에 힘을 쏟으면서도 아이들을 안전하고 따뜻하게 양육하기 위해서는 그 방법밖에 없다는 것을 절절히 알고 있었기 때문이다.

그렇게 일군 가족은 일을 그만두고 싶고 꿈을 포기하고 싶은 순간마다 남편과 나를 다시 일으켜 세우는 강력한 에너지원이 되었다. 끈기 있게 버티며 성장을 멈추지 않으니 눈에 보이지 않지만 서서히 나만의 내공이 뿌리 깊게 내리고 있었다.

인류는 이러한 가족의 힘을 본능적으로 알고 있었다. 이전 세대만 해도 일생을 사는 동안 적어도 한 번은 전쟁이나 자연재해, 병마로 생사를 오가는 극심한 고통을 경험했다. 고통스러운 상황에서 포기하지 않고 쓰러져도 다시 일어날 수 있는 힘은 대부분 자신이 사랑하는 존재, 즉 부모나 자식 등 가족에서 나온다. 인류가 온 힘을 다해 지금보다 더 나은 세상을 만들려고 하는 것도 대부분 다음 세대를 위해 더 나은 세상을 물려주겠다는 의지에서 비롯된다.

지쳐서 더 이상 나아갈 힘이 없을 때 마지막 힘을 보태주는 존재, 온 세상으로부터 버림받은 듯한 외로움에 사무칠 때 내밀어주는 따뜻한 온기, 처량한 오늘을 버티게 해주는 순수한 아이들의 웃음이 살아가게 하는 이유이다. 과정은 힘들었지만 다행히 가족은 나의 성장을 응원하고 지원해주었다.

수직에서 수평으로,
행복한 아이를 만드는 성장 파트너십

○　　　　　　　　　부모들은 항상 마음 한편에 두려움을 품고 있기에 작은 자극에도 쉬이 놀란다. 그래서 모든 부모는 팔랑귀다. 옆에서 조금만 부추겨도 넘어갈 수밖에 없다. 불안함으로 우르르 줏대 없이 몰려다니며 부화뇌동하는 무리로 보이는 것이다.

　하지만 자녀를 키우는 데 있어 가장 큰 해악은 바로 부모의 불안이다. 나는 아버지의 어린 시절을 보면서 이것을 느꼈다. 아버지가 겨우 일곱 살 무렵에 할머니가 막냇동생을 낳다 돌아가셨다. 처지를 비관한 할아버지가 술을 드시고 집을 자주 비우는 터에 아버지는 어린 나이부터 두 동생을 돌보는 가장으로 살아야 했다. 동네 강가가 꽁꽁 언 추운 어느 날, 동생을 업고 먹을 것을 구하러 친척 집을 다녀오다 그만 얼어붙은 강에 미끄러져 다리를 심하게 다쳤다. 죽을 고비를 넘기고 겨우겨우 살아났으나 평생 다리를 절어야 하는 장애를 안고 사셨다.

　따뜻한 밥을 차려주거나 좋은 교육을 받을 수 있도록 지원해줄 부모가 애초에 없었다. 게다가 장애까지 있었는데도 아버지는 세상에 두려움이라고 없는 사람처럼 평생을 당당하게 사셨다. 한쪽 다리를 사용하지 못하던 어린 시절, 동네 또래 친구들이 자전거를 타는 모습을 보고 일단 무작정 자전거에 올라탔다고 한다. 넘어지고 비탈길을 수십 번 구르고 나면 자전거를 탈 수 있다는 것을 누군가의 가르침이 아닌 스스로 깨달았다.

수영을 배울 때도 마찬가지였다고 한다. 수영하는 친구들을 따라 물속에 무작정 들어가 수백 번 허우적거리다 보니 자연스럽게 한쪽 다리만으로도 수영할 수 있다는 것을 배웠다. 옆에서 부모가 '넌 장애가 있어서 안 돼. 위험해. 다치면 안 되니까 하지 마'라며 자신의 불안감을 아버지에게 투영했다면 어떻게 되었을까? 스스로 깨닫고 험난한 세상을 이겨나가는 DNA를 결코 만들지 못했을 것이다.

어머니도 대범함에 있어서는 타의 추종을 불허한다. 나는 20대 초반에 중국어 한마디 못하면서도 개혁개방 초창기 무질서와 혼돈으로 가득하던 중국으로 공부하러 가겠다고 했다. 그때 어머니는 "그래, 어떤 기회가 있을지 모르니 너 의지대로 한번 해봐"라고 한마디 하셨다. IMF 직후 영어교육과를 졸업하고 교사라는 안정적인 직업을 선택할 수 있었는데도 대학 동창들과 벤처기업을 하겠다고 했을 때도 이렇게 말씀하셨다. "해봐. 해보면 실패해도 깨닫는 것이 있을 거야. 그 깨달은 것으로 다시 일어나서 하면 돼." 시골에 계시지만 어머니는 항상 책을 보며 그러한 용기를 배우셨다고 했다. 특히 정신의학과 이시형 박사가 쓴 《멀리 보고 크게 키워라》는 어머니의 대표적인 육아 파트너였다. 부모가 된 지금, 멀리 서울에 딸 혼자 보내놓고 무한대의 신뢰로 지지해주신 어머니 아버지의 용기가 얼마나 대단한 것인지 다시금 깨닫고 있다.

솔직히 나와 남편은 우리 부모님만큼 자녀들을 잘 교육하고 있는지 늘 고민한다. 물론 이 또한 부모로서 불안한 마음의 발로일지도 모르겠다. 어느 부모가 '나는 부모 노릇을 정말 잘하고 있다'고 당당하게 말할 수 있을까? 학원가에는 이런 당당한 어머니들이 많기는 하다. 자신의 아이는 철두철미하게 관리하여 SKY와 의대를 보냈다며 의기양양하다. 하지만 나는 그 자녀들이 좋은 대학이 아니라 얼마나 훌륭한 사회인으로 자라고 있는지 이야기해주기를 바란다.

대학까지는 부모의 영향력으로 어찌어찌 갈 수 있으나 과연 사회에 나와 홀로 험난한 세상을 헤쳐 나갈 수 있는 DNA를 갖추고 있을까? 수없이 실패해도 오뚝이처럼 우뚝 서서 과연 뚜벅뚜벅 다시 걸어갈 수 있을까? 자녀 교육은 그만큼 쉽지 않다. 아무리 부모가 최상의 조건을 만들어준다고 해도 타고난 기질, 사회 분위기, 그들이 만나는 사람들, 본인의 운 등 수없이 많은 변수가 존재한다.

나와 남편은 부족한 것이 많은 부모로 애초에 아이들에게 최상의 조건을 만들어줄 수 없다는 것을 인정했다. 다만 우리는 아이들도 우리 인생의 멋진 파트너라고 생각한다. 그 첫 번째 단계로 우리 개개인 모두는 각자 고유한 삶의 목적과 비전이 있다는 것을 인정하고 지지하는 것이다. 남편과 나는 각자 가지고 있는 삶의 목저과 비전을 기회 있을 때마다 아이들에게 공유한다. 마찬가지로 아이들이 아주 작고 보잘것없는 꿈과 열정을 공유할 때마다 귀를 쫑긋 세우고 들어주는 것을 잊지 않는다.

지금 중학교 2학년인 아들은 아기 때부터 기차를 정말 좋아했다. 겨우 6개월밖에 안 된 아이가 밤에 이유 없이 울 때 2호선 지하철이 보이는 강변에 차를 몰고 가서 기차를 보여주면 뚝 그치곤 했다. 그렇게 시작된 기차 사랑은 서울 전체 지하철 타보기, 전국 기차 타보기로 발전했다. 나중에는 모든 교통체계에 깊은 관심을 갖더니 교통이 편리한 미래 도시를 설계하는 도시공학자라는 꿈과 비전을 스스로 세워나갔다.

딸은 좀 더 다채롭다. 어쩌나 다양한지 일일이 따라갈 수도 없다. 하지만 부모인 우리가 평생 이들과 맺을 든든한 파트너십의 토대는 바로 그들이 꿈과 비전을 찾도록 도와주고 지지해주는 것이라고 믿기에 오늘도 즐거운 마음으로 듣고 또 듣는다.

물론 아이들도 아주 어릴 때부터 부모의 꿈과 비전을 잘 알고 있기에 우리가 힘들 때 격려를 아끼지 않는 놀라운 순간도 많았다. 너무 힘든 상사와 트러블이 심할 때였다. 이대로는 안 되겠다며 남편과 진지하게 회사를 그만두는 것에 대해 의논하고 있었다. 이때 이제 겨우 열 살이던 아들이 했던 말이 잊혀지지 않는다.

"엄마, 회사를 그만두는 건 안 돼. 엄마는 회사를 좋아하잖아. 그런데 휴가를 좀 내고 쉬면 좋겠어. 솔직히 요즘에 너무 안 쉬고 일만 했잖아. 좀 쉬고 다시 회사에서 열심히 일해."

'헉!' 순간 너무 놀랐다. 남편이 같은 말을 했다면 서운했을 텐데 아들의 똑 부러진 조언에 나도 모르게 불끈 힘이 솟았다. 아들 말대로 정말 좀 쉬고 다시 기운을 차려 열심히 다녔다. 나를 힘들게 하던 그 상사는 몇 달 뒤에 다른 회사로 가버렸다. 아들 덕분에 위기의 순간을 버틴 것이다.

꾸준하고 현명하게 버텨내는 힘이 없다면 아무리 좋은 지식으로 무장하고 있어도 부자가 되거나 성공을 하기는 어렵다. 자녀가 성공하고 부자가 되기를 꿈꾸는 부모들은 꼭 기억해야 한다. 아무리 좋은 학원과 학교도 버텨내는 힘을 가르쳐주지는 않는다. 부모가 버텨내는 것을 보며, 실패를 이겨내는 고단하지만 단단한 부모의 뒷모습을 보며 배운다. 행복하게 성공하는 자녀를 만드는 것은 훌륭한 가르침이 아니라 함께 성장해가는 부모와의 좋은 파트너십에 달린 것이다.

일터에서의 파트너십이 원칙과 전략 위에 세워지듯 성장하는 가족 관계를 위한 파트너십도 원칙이 필요하다. 다음 장에서는 마이크로소프트의 재기를 이끌고 일터에서 단단하게 파트너십을 맺을 수 있는 바탕이 되었던 파트너십 4원칙을 가족 관계에 적용해보았다.

각자 처한 현실에 따라 구체적인 가족 파트너십의 모습은 저마다 다를 수 있다. 하지만 파트너십 4원칙을 하나씩 적용해나가면서 시행착오를 겪다 보면 가족은 짐이 아니라 힘이 될 수 있지 않을까? 어떠한 어려움이 닥쳐도 서로에게 든든한 울타리이자 강력한 파트너가 되어줄 것이라 믿고 또 응원한다.

파트너십 제1원칙
: 서로의 비전을 공유하라

이타적인 꿈의 탄생

대학교에 다니기 위해 처음 올라온 서울. 거제도에서 자라 서울말
이 너무나 어색했던 시절이 아직도 생생하다. 일단은 이 차갑고 거
대한 서울이란 도시에서 살아남아야 했다. 많은 이들의 목표도 일
단은 생존. 게다가 졸업 즈음 닥친 국난, IMF. 하루아침에 회사에
서 쫓겨나고 사업체는 부도가 났다. 그 이후로도 오랫동안 IMF의
내상은 크고 깊어 많은 이들이 막연한 꿈을 좇기보다 현실을 선택
했다. 어떻게 하면 많은 돈을 벌어 안정된 생활을 할까 고민하는
수많은 사람들을 만나던 어느 날, 꿈꾸는 한 남자와 마주 앉게 되
었다.

"중학생 때부터 배우가 꿈이었어요. 당연히 부모님은 좋아하시지 않았죠. 그래서 아르바이트를 하며 학비를 모아 연극영화과를 다녔어요. 좋은 배우가 되려고 어릴 때부터 각종 무술, 무용을 익혀서 지금 서울예술단에서 뮤지컬 배우로 일하고 있어요. 앞으로 연극, 영화로 훌륭한 배우가 되는 게 꿈이에요."

꿈이라, 물론 나도 꿈이 있었다. 거제도에서 미용실을 운영하시는 엄마, 그래서 하교 후에는 늘 엄마 미용실에서 이야기를 나누고 또 나눴다. 가장 많이 나눈 이야기가 바로 나의 꿈에 관한 것이었다.

"엄마, 나는 비행기를 많이 타고 다니는 사람이 되고 싶어. 뭔가, 국가를 위해 중요한 일을 하는 그런 사람이 되면 얼마나 신날까? 생각만 해도 너무 뿌듯하고 신나."

내 꿈은 늘 이런 식이었다. 뭔가 추상적인데 상상하면 입꼬리가 올라가고 마음이 설레는. 그런데 구체적으로 뭘 해야 할지를 몰라 늘 길을 헤매는 느낌이었다. 비행기를 많이 타고 외국을 오가려면 영어 능력이 필수일 듯하여 영어교육과를 갔다. 하지만 또 선생님은 적성에 맞지 않았다. 미래가 뻔히 그려졌고, 반복되는 일상을 상상만 해도 답답한 느낌이었다.

기자를 해볼까 하고 대학에서 학보사 기자를 했고 국장까지 3년을 꼬박 열정적으로 매달렸지만 술을 많이 마셔야 하는 기자 생활이 엄두가 나지 않았다. 일반 기업에 가려 했으나 IMF 직후라 뽑는 곳이 없었다. 그리하여 단 한 번도 꿈꿔 보지 못한 인터넷 벤처기업의 초창기 멤버 중 하나가 되었다. 막 대학을 졸업하고 사회 경험이라고는 1도 없는 대학 동창 4명이 만든 회사였지만 인터넷 벤처 붐을 타고 그럭저럭 직원이 10명으로 늘어났다. 내 삶은 어디로 향하는지, 어릴 적 꿈은 무엇이었는지 기억 저편에 묻어두고 열심히 앞만 달리던 팍팍하고 고독했던 어느 날 문득, 그가 나타나 꿈 이야기를 하는 것이었다.

비현실, 영어로 판타지fantasy. 우리가 비현실적인 동화에 쉽게 매료되듯이 그와의 만남도 아름답고 매력적이었다. 하지만 나이가 들면 더 이상 동화를 읽지 않듯이 부서지기 쉬운 현실에 발을 딛고 사는 서글픈 우리 어른들은 비현실적인 이상을 오래 즐기지 못한다. 게다가 3년간 청춘을 바쳤던 회사가 닷컴 버블의 붕괴와 함께 공중 분해되었다. 서른을 목전에 둔 어느 날 문득, 내가 그간 얼마나 어리석은 꿈에 매달렸는지 현타가 왔다. 이 와중에 그는 준 국가 공무원인 서울예술단 소속을 그만두고 전문 배우가 되기 위해 소속사 없이 홀로서기를 선택했다.

"멋진 꿈이네요. 하지만 저에겐 그런 꿈을 꿀 여유조차 없어요. 꿈이란 결국 튼튼한 현실이 뒷받침되어야 이룰 수 있다는 걸 깨달았어요. 당신의 꿈을 응원하지만 저는 자신이 없네요. 그럼, 안녕."

순식간에 직업도 잃고, 사랑도 잃고, 무엇보다 고루한 현실을 지탱해주던 판타지가 모두 사라졌다. 가진 것이라고는 1.5평 남짓한, 코쿤하우스라는 이름은 그럴싸한 고시원에 들여놓은 살림살이가 전부였다. 이제 살아남아야 하는 절체절명의 현실의 무게만 남았다. 모든 선택은 현실적이고 실현 가능한가에 초점을 맞췄다. 현실적인 직업을 찾고, 현실적인 사람들을 만났다. 책도 현실을 살아내는 데 도움이 되는 것들로 빠르게 읽어나갔다.

다행히 첫 회사가 망했을 때의 정신적인 충격이 어느 정도 회복되어 갔다. 회사는 망했지만 그동안 열정적으로 일하며 쌓은 경력과 비교적 단단하게 구축해둔 인적 네트워크, 오랫동안 꾸준히 즐겁게 공부했던 중국어와 커뮤니티 활동도 큰 힘이 되었다. 그리고 보이지 않는 현실을 극복하기 위해 미친 듯이 읽어 내려간 책들과 강좌들이 자신감을 회복하는 데 큰 도움이 되었다. 또 다른 기회가 서서히 보이기 시작했고 더 좋은 회사에서 새로운 경력을 쌓을 수 있게 되었다.

그런데 이상했다. 지독히도 비현실적인 꿈을 꾸는 그 남자가 걱정되었다. 배우로 홀로서기는 잘하고 있는지, 밥은 먹고 다니는지. 그리고 나에 대한 이해도가 조금씩 높아지면서 내 삶의 가치에 대한 생각도 깊어졌다. 먹고사는 것을 충족하기 위해 삶이 존재하는 것일까? 나는 누구인가? 내 어릴 적 꿈은 과연 실현 불가능한 것인가?

이런 질문들의 끝에 자연스럽게 꿈꾸는 그와, 꿈꾸는 아이들이 그려졌다. 그는 배우라는 꿈과 함께 늘 나와 행복한 가정을 만드는 게 꿈이라고 귀에 못이 박히도록 이야기했다. 그리고 그들과 함께 내 어릴 적 꿈도 신나게 실현할 수 있을 것 같은 희망적인 모습도 그려졌다. 예전에는 생각해보지 못한 꿈이었다. 착한 눈의 그와 그의 꿈을 사랑하며 만들어진, 그전에는 결코 꿈꿔 본 적 없는 지극히 이타적인 꿈이었다. 이 모든 방황을 마무리하는 데 8개월쯤 걸렸고, 다시 그와 교대 앞 곱창집에서 마주 앉았다.

"그래요, 졌어요. 우리 이제 결혼해요."

인연이었을까? 다행히 그는 길다면 긴 나의 방황을 기다려주었다. 지극히 비현실적인 이 남자는 내가 되돌아올 줄 알았다나 뭐라나.

결혼 서약 전 꼭 해야 할 일, 각자 삶의 목적과 비전 확인

우리 직전 세대만 해도 돈을 벌어오는 아버지의 비전에 따라 나머지 식구들의 인생이 결정되었다. 나머지 가족 구성원들은 내 삶의 목적이나 비전이 무엇인지조차 생각하지 못하고 살았다. 여자들은 대체로 남자의 비전을 뒷바라지하며 남편의 인생 승패에 따라 처지가 결정되었다. '여자 팔자 뒤웅박 팔자'라는 말이 그래서 나온 것이다. 이런 가정에서 남자로 태어나면 아버지처럼 돈을 벌어와 식구들을 먹여 살리는 것을 당연하게 여기며 한평생을 산다. 여자로 태어나면 어머니처럼 내 팔자를 꽤 근사하게 만들어줄 남편과 결혼해 열심히 살림을 산다.

우리 부모님은 이런 보편적인 부부의 모습과는 한참 달랐다. 아버지는 대학의 건축학과가 아니라 아시는 분께 건축 일을 배우고 독학으로 실력을 쌓아 나름 독보적인 기술을 갖춘 목수로 그 분야에서는 큰 목소리를 낼 만큼 전문가였다. 어머니 또한 어린 나와 동생을 두고 미용 학원을 다니며 기술을 배워 평생 자신의 샵을 가지고 일한 개인사업가였다.

두 분은 힘든 노동으로 생계를 꾸리고 밑바닥부터 차근차근 성장하면서 나와 동생을 키웠다. 두 분이 결혼하고 나를 낳은 것이 20대 초반이었으니 온 식구가 같이 성장했다고 볼 수 있다. 또한 두 분 다 전문가로서 자부심이 대단했다. 가난 때문에 학교에서 전문 기술을 공부할 기회가 없었지만 당신들의 전문 분야에 관한 연구를 한시도 게을리하지 않았다. 기회만 되면 나와 동생에게 일터에서 있었던 이야기를 들려주셨다.

어릴 때부터 지금까지도 우리 가족은 모이기만 하면 각자의 일터에서 겪은 일들을 왁자지껄 이야기한다. 건설현장, 시골 미용실에서 일어나는 각종 에피소드에 많이 웃기도 하고 때론 격정적인 토론이 일어나기도 한다. 이렇게 에너지가 넘치는 대화는 내가 대학을 가고, 벤처기업을 하다 망하고, 마이크로소프트에 들어가 흥망성쇠를 겪는 동안에도 가장 큰 지지대가 되어주었다. 아버지가 험한 건설현장에서 다른 목수들을 어떻게 리드했는지를 들으며 리더십의 기초를 쌓았다. 어머니의 작은 미용실에서 일어나는 고객 만족 전략들은 내가 마이크로소프트에서 다른 이들보다 앞설 수 있는 핵심 무기가 되기도 했다.

그래서인지 결혼 상대를 고르고 가족을 만들어야 하는 순간에도 가장 중요한 기준은 상대방이 얼마나 자신의 일과 꿈에 열정적인가 하는 것이었다. 그만큼 똑같은 비중으로 나의 꿈과 비전에 깊은 관심을 보이고 지원하고 도울 준비가 되어 있느냐였다. 그런데 놀라울 정도로 당시 내 주변의 남자들 중에 이런 기준에 맞는 이들이 없었다. 똑똑한 남자들일수록 자신의 원대한 꿈을 잘 뒷바라지해줄 고분고분한 여자를 아내로 맞으려고 했다. 그로부터 20여 년이 지난 지금은 어떨까? 과연 남녀가 서로의 꿈과 비전을 지원하고 서로의 성장을 응원할 준비가 되어 있을까?

가족이라는 이름 아래 한마음이 되는 것은 아름다운 일이다. 동질성이 주는 안도감과 따스함이 있다. 하지만 아무리 평생을 사랑하겠다고 언약해도, 심지어 내가 낳은 자식이라고 해도, 우리는 결코 한마음 한뜻으로 평생을 살 수는 없다. 우리 모두는 누구와도 같지 않은 개성을 가진 고유한 객체이기 때문이다. 그렇기에 가족을 구성할 때부터 서로의 꿈과 비전을 반드시 확인해야 한다. 물론 모호하고 애매할 수는 있으나 그렇다고 없는 것은 아니며, 상대방의 비전에 맞춰 살기를 기대할 수는 없다.

상황에 따라 어떤 시기에는 내 꿈보다 상대방의 꿈을 도우며 살수는 있다. 하지만 이러한 관계가 한평생 고착될 수는 없다. 한 사람이 다른 사람의 꿈과 비전을 실현해주기 위해 산다면 결코 건강하고 오래 지속될 수 있는 관계가 아니다. 각자 원하는 삶의 목적과 비전을 찾고 실현할 수 있도록 서로 돕고 지지해주는 가족 간의 강력한 파트너십, 그것을 위해 나와 상대방이 추구하는 삶의 목적과 비전을 확인하는 일은 가장 중요하고 필수적인 혼수품이다.

파트너십 제2원칙
: 상호 호혜의 원칙

사소하고도 사소한 파국의 원인

인생의 목적과 비전을 확인하고 서로 지지해주기로 두 손가락 꼭 걸고 맹세한 부부. 하지만 살아본 부부들은 다 안다. 아무리 대원칙에 합의했다고 해도 매일매일 함께 부대끼며 살아내는 일은 또 다른 크나큰 도전이라는 것을. 작년 한 해 11만 쌍의 부부가 이혼 합의서에 도장을 찍었다. 같은 해 결혼한 부부는 23만 쌍인데 단순 계산으로 결혼한 부부의 절반이 이혼한 것이다. 그들이 정말 심각한 이유로 이혼에 이르렀을까? 오히려 작은 불만들이 차곡차곡 쌓이고 오해가 오해를 낳기를 반복하다 처음의 사랑하는 마음이 완전히 돌처럼 굳어졌을 것이다. 결국 파국으로 치닫게 된 최초의 원인은 사소하고도 사소했으리라.

그러한 사소한 다툼을 우리 부부라고 겪지 않았을 리 없다. 하루 세끼, 한 달이면 약 100끼, 1년이면 1,200끼. 식사를 준비하고 설거지를 하고 음식물 찌꺼기 버리기를 연간 1,200회. 청소는 어떤가? 분명 어제 말끔하게 치웠는데 오늘 집 안을 둘러보면 한숨이 나온다. 빨래는 어떤가? 얼마 전에 했는데 신을 양말, 입을 속옷이 없다. 분리수거일에 맞춰 각종 쓰레기를 처리하는 것도 쉬운 일이 아니다.

회사일, 아이들 뒤치다꺼리를 하기도 바쁜데 집안일은 좀 해주면 안 되나 하는 불만이 쌓인다. 모처럼 식사를 준비한 남편이 설거지는 나보고 하란다. 나는 막간의 휴식을 이용해 해야 할 일을 머릿속으로 계산하고 있는데 설거지라니, 안 그래도 억울한 마음에 괜히 짜증이 새어 나온다.

몸이 피곤한 데다 각종 스트레스까지 겹치면 짜증은 자가 증폭을 하여 언제든 터질 구실을 찾는다. 그 폭발은 대개 가장 만만하고 편안한 대상으로 향한다. 바로 남편이나 아내가 되는 것이다. 한 사람이라도 여유가 있으면 살짝 비켜 가지만 둘 다 여유가 없을 때는 기어코 대폭발을 일으킨다. 하지만 이런 폭발이 안전하게 터지는 것이야말로 원만한 부부 관계를 위해 꼭 필요한 일이다.

서로에 대해 일말의 개선도 기대하지 않고 급기야 관심마저 꺼버린 부부보다 피 터지게 싸우는 부부가 이혼할 확률이 낮다고 한다. 다만 부부 사이에 격한 싸움이 일어났더라도 언제든 서로를 용서하리라는 믿음이 있다는 전제하에서 말이다. 이러한 격정과 폭발의 연속에서 둘 중 한 사람이라도 더 이상 버티지 못하고 포기를 선언하는 순간 결혼 서약도 무너져 내리는 것이다. 결국 결혼도 버티는 것이 중요하다. 두 사람이 함께 말이다.

집안일 자체가 사소한 일들의 연속이기에 육아를 위해 구축했던 보모 파트너십처럼 외부 파트너십을 활용하기도 쉽지 않다. 내가 잠깐 하면 될 일을 굳이 돈을 써서 해야 하나 하면서 직접 하다 보면 어느새 짜증이 누적되고 폭발하는 수순이다. 뭔가 특단의 조치가 필요하다. 남편이든 나이든 어느 한쪽도 절대 손해 보지 않는다고 느끼는 그 지점, 그 황금 비율을 찾아야 한다. 건강한 파트너십의 두 번째 조건인 상호 호혜의 원칙을 생각해보고 적용해야 할 시점인 것이다.

집안일 분할의 황금비율

남편과 나는 식탁에 마주 앉았다. 너무 사소한 나머지 대화거리라고 생각지도 못했던 집안일이 오늘의 주제였다. '내가 빨래를 했으니 네가 음식물을 버려야지', '지난주에 나보다 한가했던 것 같은데 시장도 안 봐뒀네?'와 같은 시시콜콜하지만 항상 큰 폭발의 도화선이 되었던 집안일에 대한 끝장 대토론이 필요했다. 심판은 아이들이 맡기로 했다. 아이들도 집안일을 해야 하는지를 두고 잠시 토론이 옆길로 샜지만 일단 우리 부부가 합의하는 것이 먼저였다.

우선 아래와 같이 집안일 리스트와 최소 소요 시간을 적었다.

· 밥하고 식사 준비하기(매일, 80분)

- 설거지하기(매일, 60분)
- 음식물 쓰레기 처리하기/버리기(매일, 10분)
- 식재료나 필요 물품 구매하기(2일에 한 번, 40분)
- 빨래 세탁기에 넣고 끝나면 건조대에 널기(3일에 한 번, 60분)
- 건조된 빨래 걷고 개기/각자 방 서랍에 넣기(3일에 한 번, 60분)
- 방, 거실 청소하기(매일, 30분)
- 화장실 청소하기(3일에 한 번, 40분)
- 쓰레기 처리/분리수거(2일에 한 번, 30분)
- 아이들 숙제 봐주기/씻기기(매일, 40분)

막상 적고 나니 적지 않은 시간이 들어가는 일들이었다. 대충 했을 때 최소한으로 드는 시간을 적었는데도 말이다. 어린아이가 있다면 시간은 2배가 필요하다. 이 많은 일을 전업주부 한 명이 그것도 완벽하게 한다면 하루가 정말 짧겠다 싶었다. 일까지 하는 여성이라면 어떻게 될까? 정말 단 1시간도 자기 시간이라고는 없이 팍팍한 삶을 살 수밖에 없다.

이 리스트를 놓고 하나씩 업무 분장을 해나갔다.

나: 밥하고 식사 준비하기, 이건 누가 하지? 아무래도 내가 아침과 저녁 시간에 아이들과 있을 확률이 높겠지? 당신은 연

극 공연이나 촬영이 들어오면 일정이 들쑥날쑥할 테니. 그럼 이건 내가 할게. 설거지까지.

　남편: 그래? 그래 주면 고맙지. 대신 매일 하지 않아도 되는 빨래나 청소는 내가 할게. 공연 중간 비는 시간에 하면 되니까.

　나: 청소하는 김에 쓰레기까지 처리하면 좋지 않을까? 나한테 분리수거 완벽하게 못 한다고 늘 잔소리했으니 이참에 이것도 담당하면 좋고. 아이들 숙제 봐주거나 씻기기 같은 것은 내가 하는 게 낫겠지?

　남편: 좋아. 내가 운전을 하니까 식재료 사거나 하는 쇼핑은 내가 할게. 필요한 것은 카톡으로 보내줘.

　너무나 평화로웠다. 왜 진작에 이런 생각을 못 했을까 하고 안도하던 그때 하나의 복병이 생겼다. 음식물 쓰레기 처리였다. 나는 이것도 쓰레기 버리기 영역이니 당연히 남편이 해야 한다고 생각했다. 하지만 남편은 자신은 비위가 너무 약해 역한 냄새를 참을 수 없으니 설거지 담당인 내가 해야 한다는 것이다. 이걸로 옥신각신. 결국은 심판을 보던 아이들도 패가 나뉘었다. 아들은 남편의 말이 맞다고 맞장구치고, 딸은 '냄새가 싫은 건 모두 같은데 왜 엄마만 피해를 봐야 하냐며 내 편을 들었다.' 나는 '역시 딸이 최고야'를 외치고, 남편은 서운해하고. 한바탕 신나게 토론한 끝에 아침에 가장 먼저 집을 나서는 사람이 무조건 음식물 쓰레기를 버리는 것으로 겨우 합의를 봤다.

업무 분장을 말끔하게 끝내고 나니 한 가지 재미난 현상이 생겨났다. 각자 맡은 일을 어떻게 효율적으로 빨리 끝낼 수 있을까 연구하기 시작한 것이다. 상대방이 하기를 기대하며 미루던 마음이 싹 사라지자 생겨난 현상이었다. 그렇게 고민하던 어느 날, 나는 큰맘 먹고 식기세척기를 들여놨다. 매일 몇십 분씩 서서 설거지하는 시간이 너무 아까웠다.

며칠 있으니 이번에는 남편이 주문한 로봇 청소기, 그것도 빠닥빠닥 걸레질까지 하는 녀석이 배달되었다. 남편은 로봇 청소기에 이름까지 붙여주며 애지중지했다. 곧이어 남편의 빨래 건조 시간을 줄여줄 건조기, 나의 요리 시간을 줄여줄 에어프라이어까지 집안 살림이 늘어났다. 우리는 각자 역할에 적응하며 늘어난 여유 시간을 조금씩 즐기기 시작했다.

한 가지 더 재미난 것은 아이들이었다. 나하고 있을 때는 아이들이 내가 하는 집안일을 도울 생각을 하지 않는다. 그런데 아빠하고 있을 때는 아빠를 도와 집안일을 하는 것이다. 나는 귀찮기도 하고 빨리 집안일을 끝내야 한다는 목적을 가지고 있었기에 웬만하면 아이들에게 맡기지 못한다. 그리고 시킨다고 아이들이 잘하지도 않는다. 하지만 남편은 군대 경험 때문인지 아니면 원래 성격인지 자신은 집안일을 하고 있는데 아이들은 빈둥대며 놀고 있는 꼴을 못 본다. 반드시 일을 시키고야 만다.

가끔 일이 늦게 끝나 집에 와보면 아빠의 지시하에 열심히 빨래를 개고 있는 딸, 쓰레기 분리수거를 하는 아들을 목격한다. 참 뿌듯한 광경이 아닐 수 없다. 학교나 학원에서 학과 지식을 배운다면 가정에서는 삶을 배워야 한다. 다행히 남편이 훌륭한 교관 역할을 해주어 감사하다. 그렇게 아이들과 우리 부부는 파트너십 제2원칙, 상호 호혜가 무엇인지 몸소 체험하며 익히게 되었다.

성공적인 결혼의 시작과 끝, 신뢰

한창 책의 원고를 마무리하기 위해 애쓰던 어느 날 막 결혼한 신혼부부에게 한번 읽어봐 달라고 부탁했다. 혹시나 '나 때는 말이야'로 들리지는 않을까 염려되기도 하고 젊은 세대의 시각도 궁금했다. 두 부부가 원고를 읽고 열심히 토론한 부분을 살뜰하게 피드백으로 전달해주었다. 특히 이 신혼부부가 알고 싶었던 것은 부부간의 '신뢰'를 어떻게 끝까지 유지하는가였다. 부부가 한평생을 살다 보면 온갖 사건을 겪고 때로는 위기의 순간이 오기도 하는데, 이런 순간에도 어떻게 신뢰를 유지하는가 하는 중요한 질문이었다.

하지만 나 또한 아직 부부의 삶을 치열하게 살아내는 중이어서 명확한 답변을 주기는 쉽지 않았다. 다만 그동안 내가 벤치마킹을 해왔던 여러 부부의 삶과 우리 부부의 삶을 통해 끝까지 신뢰를 유지하는 부부들의 특징을 몇 가지 정리할 수 있었다. 물론 답이 정해져 있지 않음을 꼭 기억했으면 한다.

얼마 전 끝난 남편의 연극을 관람하러 갔다가 함께 공연에 출연한 선배 여배우를 알게 되었다. 놀랍게도 그녀의 남편은 똑같은 공연을 벌써 서너 번이나 관람하러 왔다는 것이다. 매번 올 때마다 그녀에게 필요한 인맥이 되어줄 수 있는 손님들과 함께 말이다. 솔직히 가족이 하는 공연이라도 한 번 이상 보기는 쉽지 않다. 그런데 서너 번을 온다는 것은 정말 대단한 열정이 아닐 수 없다.

공연이 끝나고 이 부부와 함께 식사를 했는데, 그들의 이야기를 들으면서 많은 반성을 했다. 이 부부는 30년가량을 함께 실면서 늘 서로의 관심사에 귀를 기울이고 대화를 많이 한다고 했다. 그냥 대화를 나누는 것만이 아니라 어떻게 하면 서로의 일을 도울 수 있을지를 생각하고 내 일처럼 열정을 다하는 습관이 굳어져 있는 듯했다.

물론 늘 좋을 수만은 없을 것이다. 어떨 때는 미운 마음이 드는 순간도 있겠지만 자기 일에 늘 관심과 애정을 가지는 상대를 끝까지 미워할 수는 없는 노릇이다. 배우자가 평소 무엇에 관심이 있는지 물어보고 애정을 가지는 것, 부부간의 신뢰를 지켜나가는 제1원칙임에 틀림없다.

특징 2. 사회적으로 성공하지는 않았더라도 안정적인 인격의 소유자들이다.

결혼하기 전부터 정직하고 약속을 잘 지키는 사람들이 결혼 이후에도 잘사는 것은 불문율이다. 경제적인 안정이나 가정환경은 둘이 열심히 살다 보면 대체로 상황이 나아진다. 하지만 약속을 가볍게 여기고 정직하지 않은 사람들은 결혼을 했다고 해서 개선되기는 어렵다.

연애와 남녀 간의 사랑을 전문으로 다루는 한 유튜버는 말한다. "요즘 결혼한 이후에도 연애는 기본이지 하는 태도를 가진 유부남 유부녀가 적지 않아요. 결혼을 했다는 상태를 마치 하나의 관문을 통과한 것처럼 생각하는 듯해요. 나 이렇게 안정적인 사람이니 매력적인 연애 상대라는 것인데 도무지 무슨 생각인지 모르겠어요."

보통 조건과 배경을 보고 결혼 상대를 선택하면 이러한 사람들과 엮이기 쉽다. 상대방도 그러한 사실을 잘 알고 있기 때문이다. 훌륭한 조건과 배경을 가진 내가 결혼해주었으니 내 삶에 간섭하지 말라는 일종의 자기 과시다. 신뢰가 깨지지 않고 결혼 생활이 오래 유지되기는 불가능한 일이다. 부디 이런 사람들과 엮여 평생 고생하지 않도록 결혼 상대의 조건은 무조건 건전한 인격에 두길 바란다.

특징 3. 갈등이 있을 때 피하지 않고, 위기와 갈등은 더 나은 관계를 위해 꼭 필요한 과정이라고 인지한다.

부부가 평생을 갈등 없이 살기란 불가능한 일이다. 누구나 다시는 보고 싶지 않을 만큼 상대가 미울 때가 있다. 하지만 계속해서 앞으로 나아가는 부부와 그렇지 않은 부부의 결정적인 차이는 이 순간을 바라보는 두 사람의 관점에 있다.

갈등이나 위기가 찾아왔을 때 수많은 시간이 걸리고 어려움이 있더라도 이 또한 지나가고 더 나은 미래가 기다린다는 믿음. 이 믿음이 있고 없고가 가장 큰 차이인 것이다. 이러한 믿음이 있다면 갈등을 해결하기 위해 서로의 이야기를 경청하고 아주 작게라도 개선하기 위해 노력한다.

부부 사이는 서로 조금씩 양보하고 개선해나가는 과정에서 전우애가 싹튼다. 처음에는 개선되는 정도가 너무 적어서 절대 변하지 않을 것처럼 느껴진다. 하지만 1년, 2년, 10년, 20년이 지나면 이제 눈빛만 봐도 서로를 이해하는 찐 동반자가 된다. 수많은 드라마가 불륜과 이혼이라는 자극적인 소재로 사람들의 이목을 끈다. 하지만 행복한 부부가 훨씬 더 많다. 눈빛만으로도 서로를 이해하고 세상 어디에서도 끝까지 내 편을 들어줄 찐 파트너로서 말이다.

특징 4. 두 사람의 갈등이나 위기를 해결하기 위해 제3자를 끌어들이지 않는다.

부부 사이의 갈등과 위기를 해결하기 위해 제3자를 끌어들이는 사람들이 의외로 많다. 동성 친구 혹은 이성 친구가 제일 많고, 심지어 부모나 형제자매를 끌어들이기도 한다. 가끔은 회사 동료에게 이야기하거나 온라인 커뮤니티에 올리는 사람들도 있다.

갈등 상황을 잠깐 공유함으로써 스트레스를 해소하는 데 도움이 되기도 한다. 하지만 갈등을 공유하는 것으로 그치지 않고 깊숙이 끌어들이는 것은 서로 간의 신뢰를 깨뜨리는 지름길이다. 두 사람의 사적인 일들을 제3자에게 알렸다는 사실만으로도 상대방은 매우 불쾌할 수밖에 없다.

그리고 부부간의 갈등을 단순히 스트레스로 생각하지 말고 개선을 위한 숙고의 기회로 삼는 것은 어떨까? 물론 쉽지 않은 일이지만 평생을 함께 살아갈, 어디에도 없을 찐 내 편을 만드는 데 이 정도의 수고는 들여야 하지 않을까?

나에게 피드백을 준 신혼부부가 원하는 답인지 확신은 없다. 하지만 그동안 수많은 행복한 부부를 보며 배운 점이 작게나마 도움이 되길 기원한다.

파트너십 제3원칙
: 코칭하고 피드백을 나눠라

아파서는 안 돼, 우리는 부모잖아

"어릴 때 어머니가 돌아가셨어요, 대장암으로⋯⋯. 그래서 내 꿈은 사랑하는 사람과 건강하게 함께 늙어가는 거예요."

2주 전 소개팅으로 만난 남자가 밸런타인데이라며 불러낸 저녁 식사 자리, 자신의 아픈 과거를 무심하게 툭 던졌다. 정중하고 예의 바른, 하지만 뮤지컬 배우답게 긴 곱슬머리에 한쪽 귀에는 귀걸이를 한 키가 크고 호리호리한 남자. 그의 선한 눈, 지고지순함, IT 업계의 차갑고 스마트한 이들과 딱 반대편에 있는 남자였다.

어떤 이유에서인지 그날 밤, 그 남자의 어린 시절이 마음속에 아로새겨져 버렸다. 헤어질 이유가 차고도 넘친 2년을 보냈다. 내가 결혼해도 되는 사람인가? 더구나 배우인데? 이런 질문을 수백 번 반복하던 어느 날 내가 먼저 청혼해버렸고, 우리는 추운 겨울에 결혼했다.

"나 대장암이래. 몇 기인지, 얼마나 심각한지 알기 위해 정밀 검사를 했는데, 2주 걸린대."

하늘이 무너지는 듯한 느낌이 바로 이런 것이구나 싶었다. 세상천지 분간을 못 하는 다섯 살짜리 아들과 이제 막 돌 지난 딸아이의 양육과 회사일에 눈코 뜰 새 없는 나날이었다. 어머니의 대장암 유전을 늘 걱정하며 해마다 힘든 대장암 검사를 해오다 이제 2년에 한 번만 해도 된다는 의사의 권유에 따라 한 해 걸러 했던 검진이 아닌가. 억울했다가, 심각하면 어떻게 해야 하나 겁이 났다가, 병원을 오가며 해야 할 병수발 생각에 처량했다가, 온갖 생각에 아무것도 할 수 없었다.

다행히 나에게는 이런 번민의 시간에 찾아갈 곳이 있었다. 혼자 타향살이를 하며 누구에게 묻고 답을 들을 수 없는 고민이나 걱정들이 생길 때면 늘 무작정 향하던 곳. 바로 서점이었다. 서점 안을 서성이며 내 무의식에 묻고 또 물었다. 그동안 우여곡절과 위기가 많았지만 이번에는 완전히 새로운 것이었다. 가난했지만 건강한 우리 부모님, 나와 동생이 한 번도 겪어보지 못한 위기였다. 이 위기는 또 어떻게 헤쳐 나가야 하는지, 나에게 무슨 힌트를 줄지, 서점에 꽂힌 수많은 책을 훑어보며 신의 계시를 찾아가는 고된 의식을 수행하고 있었다.

그날 10권의 책을 사서 집으로 돌아왔다. 모두 암에 관한 책들이었다. 각종 민간요법부터, 면역력에 관한 책, 암을 이겨낸 이들의 식습관과 생활 습관에 관한 책들이었다. 미친 듯이 읽어나갔다. 잠도 오지 않았다. 그만큼 절실했다. 아이들 둘을 두고 남편은 아파서는 안 된다. 부모는 절대 아파서는 안 되는 존재다. 내가 그렇게 만들겠다고 이를 아득바득 갈며 책을 읽어나갔다. 그리고 우리 몸의 면역력에 대한 중요한 단서와 지식들을 알아내면서 조금씩 우리 가족에게 드리운 암이라는 두려움에서 벗어나고 있었다. 그리고 1년과 같던 2주가 지났다.

"대장암 0기입니다. 용종을 떼어내면서 암세포도 제거했기 때문에 따로 치료할 필요 없습니다. 향후 5년간 매년 추적 검사를 하시면 됩니다."

한여름, 이 세상을 집어삼킬 것 같은, 세상의 모든 것을 날려버릴 것 같은 태풍을 경험해본 적이 있는가? 집 안에 웅크리고 있어도 피할 수 없는 그 공포의 바람 소리, 창문과 건물을 흔들며 이 세상의 것이 아닌 듯 울어대는 소리 말이다. 공포의 밤을 보내고 태풍이 지나간 후의 평온함. 바로 딱 그 기분이었다. '오, 하나님 오, 하나님'을 외치며 오랜만에 단잠을 잤다.

태풍이 지나갔다. 그리고 2주간 나는 면역학에 꽤 박식한 인물이 되어 있었다. 이제 남편에게 폭풍 잔소리를 해댈 차례였다.

"약 많이 먹으면 안 돼. 감기 좀 걸렸다고, 위가 좀 불편하다고 늘 이런저런 약을 달고 살았지? 앞으로는 안 돼. 감기에 걸리면 뛰어서 몸에 열을 내야 해. 위가 불편하면 양배추즙을 먹는 거야. 위가 편해질 때까지 먹는 걸 줄이고, 일있지?"

그러고는 매일 뒷산을 올랐다. 몸이 찌뿌둥해서 오르고, 날이 화창해서 오르고, 비가 부슬부슬 운치 있게 내려서 오르고……. 남편은 비타민도 열심히 챙겨 먹었다. 비타민이 장을 깨끗하게 해준다는 서울대 교수님의 방송을 들은 직후부터 말이다. 또 하나의 변화가 생겼다. 마음이 바뀌었다. 그동안 쉼 없이 열심히 일만 하던 삶이 덜컥 겁이 났다. '잠깐, 인생이 생각보다 짧을 수 있겠구나.' 앞만 보고 달리던 인생에서 옆과 뒤도 돌아보며 순간의 행복, 여유를 놓치지 않으려는 삶의 자세가 생겨났다.

이 위기를 보내고 10년 넘게 우리 가족은 아프면 땀복을 입고 산을 오른다. 천근만근 무거운 몸을 처음에는 가족들이 밀어주고 당겨준다. 햇볕을 받아 따뜻한 바위에 걸터앉아 가쁜 숨을 몰아쉬고 나면, 희한하게도 내려올 때쯤 몸도 마음도 가볍다. 따끈한 국물 요리로 땀 흘리며 식사를 하고 푹 자고 나면 감기 끝! 남편의 암이 가져다준 우리 가족 면역체계는 이렇게 시시하고 저렴하다. 하지만 효과는 만점. 결국 우리는 지혜를 나누고 서로를 북돋워 혼자서는 극복하기 힘들었을 위기를 넘기고 다음 여정을 씩씩하게 건널 수 있는 토대를 만든 것이다.

지혜를 나누고 서로를 북돋우는 코칭과 피드백

결혼을 하고 가족을 만든다는 것은 어찌 보면 두 사람이 배 한 척에 의지해 망망대해를 건너는 것과 같다. 인생의 망망대해가 어찌 잔잔할 수 있을까? 때로는 폭풍이 몰아치고 큰 파도가 덮칠 수도 있다. 혼자 인생의 망망대해를 건너는 것보다야 덜 고독하겠지만 둘이 마음을 합치고 지혜를 모으지 않으면 오히려 더욱 험난한 여행길이 될 수 있다. 서로가 서로의 눈과 귀가 되어주고 코칭과 피드백을 주고받는 관계여야 건강하게 성장할 수 있는 것이다.

　코칭은 일방적으로 훈계하고 가르치는 것이 아니다. 마이크로소프트의 사례를 공유했듯이 공감하고 경청하는 것이 가장 중요하다. 상대방의 모자란 부분과 아픔을 찾아내 이렇게 저렇게 고치라고 조언하는 것은 코칭이 아니다. 상대방의 이야기를 들어주고 공감해주는 것이 가장 중요하다. 그러면 서로에 대한 신뢰가 싹튼다. 그 신뢰의 바탕에서 적절한 질문으로 상대방이 스스로 해답을 찾아갈 수 있도록 기다려주는 것, 그것이 '성공하는 파트너십의 제3원칙,

코칭하고 피드백하라'이다.

특히 아이들의 성장에서 부모의 코칭은 필수이다. 코칭은 내가 정한 원칙이나 기대하는 것을 상대방이 잘 따르도록 친절하게 안내하는 것이 아니다. 엄하게 훈계하지 않고 일방적으로 가르치지 않았다고 해서 훌륭한 코칭은 아니라는 의미다.

얼마 전 대학생을 위한 강연을 마치고 학생 한 명이 상담을 요청했다. 대학 3년 동안 목표도 꿈도 없이 지내다 이제야 회계사라는 꿈을 가지고 자격증을 따기 위해 휴학을 하고 5년간 준비할 계획이라고 했다. 매우 진지했고 이제야 꿈을 찾은 것 같다며 결의에 차 있었다. 나는 어떻게 해서 꿈을 정하고 5년이라는 긴 시간을 투자하기로 결심했냐고 물어보았다. 학생은 부모님과 교수님이 자격증을 따는 것이 좋은 미래를 위한 투자라고 해서서 결정하게 되었다고 했다.

아직도 수많은 부모들이 자신이 살아온 시대에 맞는 정답을 아이들에게 친절하게 가르치고 있었다. 예전 부모들처럼 강압적이라면 오히려 반발하며 다른 길을 찾겠다는 젊은이들이 많을 텐데 요즘 부모들은 친절하게 자신의 의지를 관철한다. 하지만 AI 기술이 실시간으로 업데이트되는 현장을 살고 있는 나는 5년 뒤 회계사라는 직업이 과연 지금과 같을지 확신이 서지 않는다. 게다가 지금도 회계사 내에서의 경쟁도 치열하다. 부디 이 학생이 무작정 5년을 투자하여 회계사가 되기 전에 내가 멘토링해준 이야기들에 깊이 고민하는 시간을 가졌길 기원한다.

피드백은 더 전문성을 요한다. 이번 책을 쓰면서 전문가의 피드백이 책의 완성도를 높이는 데 얼마나 중요한지 뼈저리게 느꼈다. 내 눈에는 완벽해 보였다. 하지만 전문가의 눈에는 개선이 필요한 부분이 있기 마련이다. 길지 않은 몇 문장으로 요소요소에 핵심적인 피드백을 주었고, 나는 또 왜 이런 피드백을 주었을까 곰곰이 고민하고 개선하는 과정을 거쳤다. 이런 과정이 없었다면 이 책의 완성도는 지금보다 훨씬 떨어졌을 것이다.

행복한 가족 파트너십과 자녀 양육을 위해 적절한 피드백을 받는 것이 중요하다. 매번 전문가를 찾아갈 수는 없지만 전문가의 책을 읽고 강의를 듣고 내 상황에 적용해볼 수는 있다. 그래도 해결되지 않는 문제는 전문가에게 상담을 요청해도 좋다. 기업의 CEO이자 가정행복코치로 활동 중인 이수경 대표는 건강한 가족 파트너십을 위한 책《차라리 혼자 살걸 그랬어》와 수많은 강연과 코칭으로 부부들의 화합을 돕고 있다. 또한 나라에서 무료로 제공하는 가정 상담도 있고 수많은 관련 앱도 있다. 스스로 많이 공부하고 연구해서 자녀나 가족들과 피드백을 나누는 것도 좋다. 하지만 상대방이 원치 않는데도 지속적으로 피드백을 주는 것은 조심해야 한다. 자칫 잔소리로 들릴 수 있기 때문이다.

코로나19로 학교와 학원에 가지 않고 하루 종일 집에서 지내는 아이들의 교육에 대한 고민이 깊다. 이런 상황에서 코칭과 피드백으로 함께 성장할 기회는 없는 것일까? 코칭과 피드백의 본질적인 목표는 스스로 성장의 잠재력을 찾아가도록 돕는다는 데 있다. 어떻게 하면 코로나 시대를 성장의 기회로 삼을 수 있을까?

자녀들이 스마트폰으로 유튜브를 너무 많이 본다고 걱정하는 부모들이 많다. 걱정만 하지 말고 아이들과 함께 유튜브를 시청해보라. 이런 기회를 통해 아이들과 함께 디지털 세계를 여행한다고 생각해보는 것이다. 아이들이 좋아하는 콘텐츠를 보면서 왜 좋아하는지 물어보고 의견도 나눠본다. 우리 아들이 좋아하는 교통 정보 관련 영상이나 블로그도 있고, 우리 딸이 좋아하는 각종 만들기 영상도 있다. 그러다 보면 자연스럽게 아이의 개성과 특장점뿐 아니라 나의 개성과 특장점도 알 수 있다.

영어 공부나 전 세계 사람들과의 소통도 유튜브로 가능하다. BTS 영상이나 K-팝 영상을 좋아하면 함께 시청한다. 그리고 아래에 달린 무수한 영어 댓글들을 같이 읽어보라. 읽지만 말고 매일같이 댓글을 달거나 꽤 괜찮은 댓글을 단 친구들과 온라인 펜팔을 할 수도 있다. 이렇게 배운 영어가 《성문 종합 영어》를 수백 번 읽으며 머릿속에 욱여넣었지만 막상 외국인에게 한마디도 못하는 부모 세대의 방식보다 훨씬 효율적이다.

이제 수능 변별력을 위해 어렵게만 가르치는 영어에서 쉬운 영어, 소통할 수 있는 영어로 전환해야 한다. 디지털이 가져다주는 가장 큰 혜택은 클릭 몇 번으로 전 세계 시장에 진출할 수 있다는 것이다. K-팝이 전 세계를 휩쓸 수 있는 이유도 바로 디지털 기술을 최대한 활용했기 때문이다. 우리 집 거실에서 전 세계에 흩어져 있는 사람들과 일할 수 있는 비결도 여기에 있다.

새로운 디지털 기술들이 소개된 유튜브 영상도 같이 찾아서 시청해보자. '마이크로소프트 AI', '구글 AI'라는 검색어만 넣어봐도 수백 개의 훌륭한 영상들이 나온다. 아이들은 지겹다며 보지 않으려고 할 수도 있다. 그럴 때는 부모인 내가 미리 본 다음 주요 장면들만 보여주면 된다.

아이들이 기술에 대해 호기심을 가지는 것으로 충분하다. 그러한 호기심이 모여 자신의 진로를 좀 더 진지하게 고민할 시점이 왔을 때 더 공부해보고 싶다는 마음이 생긴다. 기술을 활용하여 어떤 미래를 만들 수 있는지 그림을 그려볼 수 있는 능력이 지금 수백 수천 개의 수학 문제를 푸는 것보다 훨씬 가치 있는 일이다. 완벽하게 계산하는 능력은 곧 AI에게 자리를 내줄 것이기 때문이다.

마이크로소프트의 팀 매니저가 각 팀원들의 특장점과 개성을 찾고 그것을 최대한 발휘할 수 있도록 코칭을 하듯이 부모와 선생님도 좋은 코치가 되도록 노력해야 한다. 이제 지식을 가르치거나 아이들의 시간과 학습을 관리하는 매니저의 역할은 더 이상 의미가 없다. 그런 노력과 시간을 잘 활용하여 아이들의 특장점이 무엇인지 알아내기 위해 세세하게 관찰하고 경청해야 한다. 그리고 특장점을 최대한 발휘할 수 있도록 이끌어 아이들과 내가 함께 성장하는 코치의 역할에 집중해야 할 때다.

파트너십 제4원칙
: 촘촘하고 빈틈없이

가정의 이해관계자 관리

회사에서 일을 하거나 사업을 운영하다 보면 이해관계자 관리 Stakeholder Management 가 매우 중요하다. 비즈니스의 각 단계마다 사업의 성패에 영향을 주는 이해관계자들을 잘 파악하고 각각에 맞는 전략을 세워야 한다. 아주 중요한 이해관계자를 미처 파악하지 못했는데 마지막 순간 복병으로 작용해 비즈니스 성과에 악영향을 끼치는 일이 허다하다.

앞에서 살펴본 대로 마이크로소프트는 자사의 비즈니스에 영향을 미치는 주요 이해관계자, 즉 기업고객, 주주, 직원, 소프트웨어 전문가들과 강력한 파트너십을 마련했다. 하지만 시장이 개인 사용자로 넘어가고 있는 와중에 일반 개인 사용자, 오픈소스 전문가들 같은 새로운 이해관계자들과의 파트너십을 간과하고 뒤늦게 큰 시련을 겪게 되었다. 이해관계자 관리는 기업 운영뿐만 아니라 한 가정의 운영에도 중요하게 작용한다.

두 사람이 결혼하면 단순히 두 사람만 결합하는 것이 아니라는 것을 결혼 준비 과정에서 알게 된다. 결혼은 당사자의 부모님과 형제자매, 그리고 결혼식에서 맞닥뜨리는 일가친척까지 상대방을 둘러싼 이해관계자들이 고구마 줄기처럼 줄줄이 딸려 나온다. 가끔은 나와 상대방에게 중요한 인간관계 그룹, 직업 관계자들이 이해관계지가 되기도 한다. 아이들을 키울 때는 또 다른 이해관계자들이 생겨난다. 보모나 어린이집 관계자, 학교나 학원 선생님, 아이들의 교우 관계를 위해 형성된 어머니 그룹도 있다. 사람은 어떻게 해서든 사회와 연결되어 살아가기 때문에 직계가족이 아니더라도 우리 가족에게 영향을 미치는 이해관계자들이 생겨나는 것이다.

결혼 당사자들 말고 주변 사람들이 무엇이 중요하냐고 하겠지만 이 또한 오래 결혼 생활을 해본 사람들은 잘 안다. 실제 부부 당사자의 분쟁은 '부부싸움은 칼로 물 베기'로 넘어간다고 해도 시댁이나 친정 등 다른 이해관계자들과의 분쟁은 부부를 이혼에 이르게 하는 경우가 무척 많다. 이혼까지 가지 않더라도 한 가정의 행복에 지대한 영향을 미치는 것은 사실이다. 마이크로소프트가 각 비즈니스 단계에 맞는 이해관계자 파트너십을 구축했듯이 가정에 영향을 미치는 이해관계자를 파악하고 파트너십을 구축할 필요가 있다.

이해관계자와의 파트너십도 지금까지 살펴본 파트너십의 원칙에서 크게 벗어나지 않는다. 다만 각 가정의 특수한 사정과 환경을 고려하여 부부가 함께 고민하고 전략을 세울 필요가 있다. 결혼을 해서 새로운 가정을 꾸리면 가장 우선순위는 부부 당사자, 그다음이 아이들이다. 나머지 사람들은 이해관계자로 생각하는 것이 바람직하다. 물론 나도 아이들을 키우고 있는 입장에서 이들이 장성할 때까지는 내 가족이지만 결혼하는 순간 나는 이해관계자가 된다는 것이 슬프게 느껴진다. 하지만 그것을 잘 받아들이고 정리해야 건강한 가족 관계가 이루어진다.

장성하여 결혼한 자식을 여전히 내 가족의 일원으로 여기는 부모들이 너무 많다. 결혼과 함께 당사자의 지위는 내려놓고 이해관계자의 지위로 옮겨 가야 새로운 가정이 튼튼하게 뿌리를 내린다. 서양과 달리 아직도 이런 부분에 대한 사회적인 합의가 부족하여 안타까운 사연들이 너무 많다. 심지어 이런 부모들 때문에 결혼하지 않겠다고 선언하는 여성들도 적지 않다. 그중 가장 중요한 부모님과의 파트너십 구축에 대해 정리해보려고 한다.

시부모님과 부모님을 파트너로

우선 부모님과의 파트너십 1단계는 다른 파트너십 원칙과는 달리 서로의 비전을 확인하는 것이 아니다. 그보다 더 우선해야 할 것이 있다. 바로 서로의 마음 상태를 알아차리는 것이다. 고부간이나 처가와의 갈등 원인은 다양할 수 있지만 이 또한 처음에는 지극히 사소한 일에서 시작된다. 주로 결혼 준비 과정이나 결혼 초기의 서운함이 그 원인인 경우가 많다. 특히 새신랑 새신부가 새로운 환경에 적응하고 상대의 가족에게 잘 보이려고 애쓰는 중에 약간의 서운함은 평생 각인되기 쉽다. '뭐야, 나는 이렇게 노력하는데 나를 안 좋아하는 것 같아'라는 마음이 갈등의 시초인 것이다.

이번에는 부모님 마음을 들여다보자. 대부분의 부모는 당신이 이

땅에 태어난 사명이 자식들을 잘 키우는 것이라고 생각하며 평생을 살아왔다. 자신의 인생에 대해 비전을 세우거나 삶의 목적이 무엇인지 고민해볼 여유도 또 의지도 없었을지 모른다. 그저 자식들 밥 굶기지 않고 번듯한 대학과 직장에 들어가는 것을 유일한 삶의 목표로 여기면서 말이다. 그러다 장성한 자식이 나한테서 멀어지려고 한다. 평생 애지중지 보살펴온 부모보다 이제 겨우 1년 남짓 알고 지낸 생판 남을 더 사랑한다고 한다. 뭔가 뒤통수를 세게 맞은 것 같다. 이런 날이 올 줄은 알았지만 서운한 마음은 어쩔 수 없다. 게다가 데리고 온 짝은 낯설기만 하다. 그러한 감정이 얼굴에 드러나고 말 한마디 한마디에 새어 나온다.

일단 서로의 마음을 알아차리면 상대방의 감정이 딱히 나라는 존재 자체에 대한 거부감이 아니라는 것을 알 수 있다. 어느 누구를 데려와도 그럴 수밖에 없는 낯설고 변화된 환경에 대한 본능적인 저항인 것이다. 감정 자체에 대한 비판을 내려놓고 수용하면 마음이 한결 편안해진다. 결국 어떤 것도 처음에는 낯설지만 시간이 지나고 해가 바뀌면서 조금씩 익숙해질 것이고 서로의 존재를 감사하게 받아들이는 순간이 올 것이다.

이 단계에서는 서로 익숙해지기 위해 노력하는 것이 가장 중요하다. 이때 굳이 가면을 쓸 필요는 없다. 더 잘 보이려고 애쓸수록 서로에 대한 기대치만 커질 뿐이다. 서두르지 않고 진솔하게 자신을 보여주어야 더 쉽게 익숙해진다. 당신의 마음 상태를 알아주고 공감해주는 새 식구에게 부모님은 결국 마음의 문을 열 것이다.

간혹 부모님의 성격이 급하거나 감정 표현이 강해서 마음에 생채기를 내는 말을 할 때도 있고, 너무 큰 기대치를 들이밀 때도 있다. 이때도 서두르거나 감정 자체에 휘말리는 것은 바람직하지 않다. 나와 배우자가 정한 페이스대로 차근차근 설명하고, 필요한 경우에는 적당한 거리 두기를 통해 부모님들도 숙고할 기회를 드린다. 정답은 없고 때에 따라 무척 어려울 수도 있다. 하지만 시간이 걸리고 각기 다른 전략이 필요할지라도 부모님은 중요한 이해관계자라는 깃을 인지하고 관리한다는 마음이 필요하다.

그렇다고 내 부모와의 관계를 갑자기 관리하기 시작하는 것은 바람직하지 않다. 이 세상 어떤 보석과도 바꿀 수 없고, 내 목숨보다 소중한 것이 부모와 자식 관계이다. 평소에 하던 대로 마음껏 사랑하되 다만 상대방에게도 그만큼의 사랑을 강요해서는 안 된다. 부모 자식 간의 깊은 사랑을 시기하거나 비난해서도 안 된다. 그 관계는 그대로 인정해주는 지혜가 필요하다.

가장 밑바닥에 있는 서로의 감정을 이해하고 공감한 이후에 비로소 시부모님, 부모님과의 파트너십이 싹튼다. 그러고 나면 파트너십 제2원칙인 '상호 호혜의 원칙'에 따라 새로운 가정에서 태어난 새 생명을 함께 돌보고 키우는 것도 훨씬 수월할 수 있다.

실제로 성공한 여성 임원들을 보면 부모님이나 시부모님이 손자 손녀 양육에 큰 역할을 하는 경우가 많다. 물론 이상적인 상황이라고 생각하지는 않는다. 누구나 대한민국 국민이라면 보편적으로 아이를 낳고 키우면서도 자신의 꿈과 이상을 실현할 수 있는 사회가 되어야 한다. 손자 손녀를 돌봐주실 부모가 없다는 이유로 기회가 박탈되어서는 안 된다. 다만 사회적으로 이상적인 환경이 마련되기 전에는 우리 모두 서로가 서로의 파트너가 되어 협력해야 한다.

부모님이 손자 손녀를 돌봐주신다고 해도 상호 호혜의 원칙에 따라 반드시 적정한 대가를 드려야 한다. 당신의 손주이니 당연히 봐주셔야 한다는 것은 결코 장기적으로 바람직하지 않다. 아이들이 크고 당신들의 손이 더 이상 필요하지 않을 때 한 사람의 독립된 인격체로 당신의 남은 삶을 행복하게 살아갈 수 있도록 상호 호혜를 베푸는 것은 도움을 받기 전 반드시 선결되어야 할 부분이다.

파트너십 제3원칙인 '코칭하고 피드백을 나눠라'는 부모님께도 아주 유효한 전략이다. 그들의 생각이나 감정을 판단하기보다는 들어주고 공감하며 질문한다. 그래야 그들도 젊은 감각이나 시대의 흐름을 놓치지 않고 명민한 노후를 건강하게 보낼 수 있다. 내가 회사에서 팀원들과 정기적으로 일대일 대화를 하듯이 부모님과 시간을 정해 일대일 대화를 하는 것이 도움이 된다. 추석이나 설과 같이 오랜만에 가족이 모두 모이는 시간을 활용해도 좋겠지만 평소에 일대일 대화를 일상화하는 것도 좋다.

부모님뿐만이 아니라 형제자매, 혹은 다른 이해관계자들도 파트너십 제4원칙을 하나씩 떠올리며 관리해나간다면 힘이 되는 훌륭한 파트너십을 구축할 수 있다. 나 혼자의 독단이 아니라 부부가 함께, 가족이 함께 대화하며 각 이해관계자에게 맞는 전략을 세워나간다면 훨씬 수월하게 실현할 수 있을 것이다.

수신제가 치국평천하修身齊家 治國平天下. 결국 나와 가정을 바르게 세워야 더 큰 삶의 목적과 비전을 실천해나갈 수 있다. 하버드 대학교가 80년간 조사한 결론도 일맥상통하다. 자신을 둘러싼 인간관계를 통해 어떠한 위기도 극복할 수 있는 성숙한 방어기제를 구축해야 한다는 것이다.

빠르게 변화하고 있는 현시대에 맞는 가족 관계를 성립할 기회나 치열한 논의가 없었던 탓에 모두 뿔뿔이 흩어져 '나 홀로'가 장려되는 시대 분위기가 팽배하다. 인간의 생존과 행복에 결정적인 가족 관계를 이제는 시대에 맞게 재정립해야 한다. 단단한 파트너십의 원칙을 바탕으로 평등한 관계에서 서로의 성장을 응원하고 지지하는 파트너로 승화시킬 때이다. 행복한 개인과 가정들이 모일 때 하늘 아래가 모두 평화롭다는 공자님의 말씀이 이 시대에도 널리 실현되기를 바란다.

성공적인 파트너십을 위한 마법의 7Step

○   기술 혁신과 세대 간 갈등으로 일터와 가정, 그리고 사회 전반에서 과거로부터 내려오던 관계 맺기의 관행들에 급제동이 걸리고 있다. 나이로, 연공서열로, 남녀의 역할 구분으로, 오랜 세월 고착되어 온 관행들에 파열음이 들린다. 급기야 서로 상처를 주고받을 바에야 '나 혼자' 살자가 대세로 굳어진 요즘이다. 이때 비즈니스 관계에서 주로 쓰이던 '파트너십'이 어떤 대안이 될 수 있을지 여러 상황에서 생각해볼 이야기들이 있다. 물론 구체적인 이론도 아니고 답이 정해져 있는 것도 아니다. 이 책에서 말하고자 하는 파트너십은 서로의 '성장'을 응원하고 협력하는 '문화'의 가치라고 생각하면 된다.

지금부터 이야기할 '성공적인 파트너십을 위한 7Step(출처 : Soyoung Lee)'도 타인과 협력하여 자신과 공동체의 성장을 이루기 위해 스스로에게 던져봐야 할 기본 질문들을 순서대로 나열한 것이다. 마찬가지로 정해진 정답은 없으며 순서가 의미 있는 것도 아니다. 자신의 상황과 인생의 목적에 따라 자유롭게, 그리고 행복하게 이 여정을 함께하길 바란다.

Step 1.
'나'를 알고 이해하는 시간을 가진다

○   얼마 전 우리나라의 교육 문제를 해결하기 위해 교육부 신하에 만든 사단법인 '교육의 봄'(http://www. bombombom.org)에서 주최하는 포럼에 다녀왔다. 시대는 빠르게 변화하고 있는데 경쟁 위주의 교육 시스템은 여전하고 그 안에서 살인적인 대학 입시에 신음하는 학생들과 학부모들 그리고 교육자들을 위해 만든 시민단체이다. 이곳의 목표는 '출신 학교 차별 없는 기업의 채용 문화를 확산해 우리 교육에 봄을 이끌자'는 것이다. 출범한 지 얼마 되지 않았지만 각 산업별로 채용 실태를 파악하는 일이 속속들이 진행되고 있다.

교육의 봄은 지금까지 대기업, IT 기업, 외국계 기업, 중소기업 그리고 금융 관련 기업까지 채용 상황을 살펴보는 공개 포럼을 개최했다. 외국계 기업과 IT 기업은 철저히 자사가 원하는 스펙과 경력을 갖춘 사람을 학벌과 나이에 상관없이 채용한다. 하지만 우리나라 500대 대기업은 일정 수준 이상의 학벌을 가진 이들 중 1~2년이하 졸업생들만 선별해 채용하고 있다. 물론 대기업들도 몰려드는 대졸 신입사원을 정해진 기간 안에 뽑아야 하기 때문에 어쩔 수 없는 부분도 있을 것이다. 하지만 개개인이 가진 특장점이나 경험 유무와는 상관없이 일관된 기준으로 선별하는 관행을 눈으로 직접 확인하는 상황이 편안하지만은 않았다.

이제는 빠르게 변화하는 시장의 상황에 맞춰서 SK, 현대, LG 등의 대기업을 중심으로 외국계와 IT 업계가 해오던 수시 채용 확대를 비롯해 조금씩 변화를 시도하고 있다. 그렇다면 외국계와 IT 기업들은 어떤 기준을 가지고 직원들을 채용하고, 또 그들의 경력 개발을 지원하는 것일까? 여기에서 이것을 나누는 이유는 성공적인 파트너십을 맺기 위해서는 반드시 '나'를 잘 이해해야 하기 때문이다.

특히 외국계 기업은 서구 사회가 중시하는 교육철학의 근간이 되는 '개인의 다양성'을 기준으로 인재를 바라보고 육성한다. 우리 사회는 '나'보다는 '우리'가 우선시되는 문화를 가지고 있다. 우리를 위해서는 '나'라는 개인의 특성을 드러내지 않는 것이 덕목이다. 하지만 이제는 변화하는 시대에 맞게 다시 '나'를 찾는 일이 교육의 기초가 되어야 한다. 시간이 좀 걸리겠지만 이러한 방향으로 흘러갈 수밖에 없을 것이다.

각기 다른 이력과 전문 지식을 가진 다양한 개인들을 채용하는 마이크로소프트와 구글 같은 외국계 IT 기업은 직원의 경력 개발을 어떻게 할까? 글로벌 대기업인 만큼 직원은 열심히 일만 할 수 있도록 조직적이고 체계적으로 관리해주지 않을까? 잘 정비된 인사팀의 관리로 적절한 시기가 되면 인사 발령을 통해 다양한 업무도 경험하고 사내 네트워크도 만들어낼 수 있도록 말이다.

결론적으로 말하면 회사는 수많은 교육 자료들과 네트워크를 만들 수 있는 기회를 제공하는 역할만 한다. 왜냐하면 자신의 커리어는 자신의 목표에 맞게 자신이 만들어가야 하기 때문이다. 아무리 상사가 원하는 KPI를 잘 맞춘다고 해도 자신의 커리어 관리를 스스로 하지 못한다면 문제가 생길 수밖에 없는 구조이다. 회사는 이러한 직원들을 위해 커리어 관리를 위한 트레이닝들을 제공하는데 다음은 내가 들었던 것 중 하나이다.

3시간이 넘는 트레이닝의 대부분이 질문과 오픈 답변으로 이루어진다. 외국 팀원들과 함께 온라인으로 듣는데 오픈 질문으로 이루어진 강의에 익숙한 그들의 답변을 듣는 것만으로도 생각할 거리가 많다. 파트너십이든 자신의 커리어든 모든 출발은 자기 자신을 잘 아는 것이다. 잠시나마 마이크로소프트의 직원이 되었다고 생각하고 질문에 하나씩 답변해보길 바란다.

트레이닝은 자신이 가고 싶은 삶의 여정을 묻는 것부터 시작된다. 그동안 우리라는 이름으로 모두 비슷한 꿈을 꾸었다면 개인이 강조되는 시대에는 각자 이루고 싶은 목표와 그 길을 가는 방법도 저마다 다르다. 회사는 개인의 각기 다른 목표가 회사의 목표에 잘 부합될 수 있도록 이끌어주는 역할을 한다. 그래야만 시장의 다양한 고객이 원하는 제품이나 서비스를 더 잘 개발하고 빠르게 대응할 수 있기 때문이다.

다음으로는 연속된 질문을 통해 자신의 커리어를 잘 계획할 수 있도록 안내한다. 질문이 많지만 그대로 옮겨보았다.

1. Your big why(일의 목적): 지금 하고 있는 일을 왜 하고 있나요?

2. Ideal professional self(이상적인 모습): 자신의 어떤 모습을 보고 싶은가요?

3. Top strengths(자신의 강점): 당신이 가장 잘하는 것은 무엇인가요?

4. Desired strengths(미래 비전): 미래에 무엇을 더 잘하기를 원하나요?

5. Career goals(커리어 목표): 짧은 혹은 긴 기간 동안 성취하고 싶은 것은 무엇인가요?

6. Current job and role(현재의 업무): 지금 맡은 업무를 위해 무엇을 하고 있나요?

7. Core values(핵심 가치): 절대 양보할 수 없는 가치는 무엇인가요?

8. Role models(롤모델): 가장 선망하는 사람은 누구인가요?

9. Contributions(기여 부분) : 당신이 기여할 수 있는 것은 무엇인가요?

10. Limits and boundaries(한계와 경계) : 당신이 하고 싶지 않은 것은 무엇인가요?(출처 : MS 직원을 위한 커리어 코칭 일부)

이 질문들에 차근차근 답변해보면 '나'라는 사람의 실체에 더 가까이 다가갈 수 있다. 특히 우리나라 고용의 6%를 차지하는 외국계 대기업과 그보다 더 많은 중소기업, 그리고 IT 기업들은 인터뷰에서 반드시 자신이 무엇을 할 수 있고 회사에 어떤 기여를 할 수 있는지를 묻는다. 회사에 들어갔다고 해도 3~5년 주기로 새로운 역할을 맡을 때마다 이러한 질문을 한다. 앞으로 국내 기업도 비슷해질 것으로 예상된다. 그러니 항상 스스로에게 이 질문들을 하고 답변을 준비하는 것이 좋다.

다음으로는 '개인 브랜드'에 대한 질문과 답변의 시간이 이어졌다. 첫 질문은 '다른 사람이 당신을 어떻게 보는가?How others see you?'이다. 내가 생각하는 '나'가 아니라 다른 사람이 나에 대해 어떻게 생각하는지 적극적으로 피드백을 요청해야 한다.

부정적인 피드백을 들으면 당장은 기분이 나쁠 수도 있다. 하지만 긍정적이든 부정적이든 모든 피드백을 듣고 그것을 바탕으로 다른 사람에게 내가 어떻게 보여지는지 객관적인 시각을 가져야 한다. 이 것이 '개인 브랜드'를 만드는 가장 중요한 출발점이다. 트레이닝 진행자는 '개인 브랜드'에 대해 다음 사항을 강조했다.

당신의 개인 브랜드는 다른 사람에게 자신을 어떻게 드러내는
지와 다른 사람들이 당신을 어떻게 보는지로 결정된다.(Your
personal brand is how you show up and how others see
you.)

당신의 개인 브랜드는 당신의 커리어를 찾아가는 것을 돕는다.
하지만 그것은 관리되어야 할 영역이다.(Your personal brand
can help to support you in navigating your career, but it
needs to be managed.)

연예인만 브랜드 관리가 필요한 것이 아니다. 이제 우리 모두 각
자의 고유한 브랜드를 만들고 관리해야 한다. 다음은 '나'라는 브랜
드를 잘 관리하고 있는지를 묻는 질문들이다.

'나'라는 브랜드 만들기
- 당신은 어떤 사람인가요?(Shaping your brand - who are
  you?)
- 당신의 평판은 어떤가요?(What is your reputation?)
- 조직에 제공하는 당신의 고유한 가치는 무엇인가요?(What

unique value do you deliver to the organization?)

- 매일 회사에 일하러 올 때 얼마나 진실한가요?(How authentic are you when you come to work every day?)

- 당신의 의견이 얼마나 중요하게 받아들여지나요?(How strong is your voice? Does your opinion matter?)

- 당신의 브랜드를 만들고 모니터링하는 일에 얼마나 열심인가요?(How engaged are you in building and monitoring your brand?)

- 당신의 브랜드는 다른 사람들과 얼마나 잘 소통하나요?(How well do you communicate your brand to others?)

위의 질문이 끝나면 본격적으로 '나'라는 브랜드에 대해 써 내려가는 시간이 주어진다. 나의 강점, 나의 기여도, 혹은 나의 가치가 얼마나 고유한지, 누가 혜택을 받는지 등을 써야 한다. '나'라는 고유의 브랜드를 진솔하고 이해하기 쉽고 정확하게 적어야 하는 지난한 과정이다.

어떤가? 사지선다로 정답을 고르고 들어간 대학의 브랜드로 입사하는 것이 훨씬 쉽게 느껴질지도 모르겠다. 하지만 이제 우리 모두는 정답이 없는 세계에 조금씩 적응해나가야 한다.

전 세계를 탐험하고 모험하면서도 막상 나 자신의 고유함, 나만이 가지는 강점, 그것을 바탕으로 '나'라는 브랜드를 만들어보지 못한 사람들이 대다수이다. 아직도 우리의 교육 현장은 이를 위한 시간도, 교육할 수 있는 교사도 없는 실정이다. 부모 세대도 경험이 없기는 마찬가지다. 그렇다고 포기하기에 우리 각자는 너무도 큰 저력을 가지고 있다.

처음에는 느리고 더디더라도 우리 스스로에게, 그리고 자녀, 동료, 배우자, 친구에게 묻고 또 묻자. 각자 가진 개성과 장점을 바탕으로 자신의 스토리를 엮어서 브랜드를 만들 수 있도록 서로가 서로의 성장 파트너가 되어주자. 이것이 성공적인 파트너십을 위한 Step 1이다.

Step 2.
내 인생의 비전은 어디를 향하고 있는지 확인한다

1부에서 다룬 '일터에서의 파트너십'에서 일을 통해 업을 세우고 다시 그 업이 내 인생의 비전이 되는 과정을 나의 사례로 설명했다. 이번에는 배우라는 직업을 가지고 프리랜서로 일하는 남편에게 적용해본다. 회사에서 배운 코칭 기법을 활용하여 상대의 이야기를 경청하고 적절한 질문을 던지는 과정을 거치면서 말이다.

나: 당신은 삶의 비전이 뭐야?

남편: 개성 있는 좋은 배우가 되는 것.

나: 좋은 배우가 되어서 뭘 하고 싶은데?

남편: 좋은 연기를 하고 싶어.

나: 좋은 연기는 어떤 건데?

남편: 내가 맡은 인물에 관객이 완벽하게 몰입하는 연기이지. 연기가 아니라 실제라고 믿게 하는 거라고 생각해.

나: 관객이 실제로 믿게 되면 어떻게 되는데?

남편: 사람들은 내가 연기하는 캐릭터에 몰입해서 그 안에서 자신을 볼 수 있게 되지. 짧은 순간이지만 다른 사람의 삶을 살아볼 수 있는 거야. 저렇게 살면 안 되는구나, 혹은 내 삶이 나쁘지 않구나 하는 안도감을 느끼기도 하고. 그러면서 자신을 더 행복한 삶으로 이끄는 생각의 씨앗을 심는 거지.

나: 결국 당신 삶의 비전은 연기를 통해 다른 사람들이 자신의 행복을 찾아가도록 하는 것이구나.

남편: 내 비전이 그렇게 거창했나? 좋은 연기자가 되어서 돈을 많이 버는 게 비전이라고 생각했는데.

이처럼 삶의 비전은 처음부터 뚜렷하게 보이는 것이 아니다. 인생을 살아가면서 하고 싶은 것, 꼭 이루고 싶은 일들의 저 뒤편에 있는 궁극적인 목적은 수없이 많은 질문 끝에 겨우 찾을 수 있다.

수많은 질문을 거쳐서 궁극적인 목적을 찾고 살아가는 사람과,

그렇지 않은 사람의 인생은 차이가 생길 수밖에 없다. 인생에서 맞 딕뜨리는 수많은 선택의 순간에서 확실한 자신만의 기준이 없으면 늘 불안하고 흔들릴 수밖에 없다. 또한 기회가 와도 이것이 기회인 지도 모르고 놓치기 쉽다.

다시 한 번 남편의 2가지 비전을 살펴보자.

비전 1_ 좋은 연기자가 되어 돈을 많이 벌겠다.
비전 2_ 사람들이 내 연기에 몰입해서 자신을 돌아보고 스 스로의 행복을 찾아가도록 하겠다.

2가지 비전에서 어떤 차이점이 보이는가? 비전 1에서 '좋은 연기 자'와 '돈을 많이 버는 것'은 그때그때 달라질 수밖에 없다. 어떤 연 기자가 좋은 연기자인지, 얼마나 돈을 벌어야 하는지 알 수 없다. 이런 비전을 세우면 훌륭한 연기자가 되어 돈을 많이 벌어도 뭔가 불안하고 공허해진다. 도대체 어디까지가 내 목표인지 모르기 때문 이다. 혹은 적당히 노력하고 적당히 벌고서 스스로 비전을 달성했 다고 안위할 수도 있다.

그렇다고 '좋은 연기자=1등이 되는 것, 많은 돈=연봉 ○○억'과 같이 수치로 삶의 비전을 세우는 것은 지양한다. 우리 삶은 숫자로 표현하기에는 너무나 고귀하지 않은가? 한낱 숫자에 지배당하는 삶을 사는 것도 참 서글픈 일이다. 그것도 내 인생 전체를 숫자에 맞춰 살아야 한다면 말이다.

반면 비전 2는 좋은 연기자가 되는 것이 어떤 의미인지 연기를 보는 관객의 입장에서 정의했다. 좋은 연기란 '관객이 내 연기를 보고 몰입을 경험하는 것'이라는 정의가 비전 안에 이미 들어 있다. 이렇게 되면 좋은 연기를 위해 훈련하는 과정이 더 정교해진다. 스스로의 바로미터를 마음속에 새기고 관객과 함께 호흡하며 그들이 몰입할 수 있도록 스스로 훈련할 수 있다.

특히 이런 비전을 세우면 관객의 피드백을 수시로 체크할 수밖에 없다. 그들이 몰입하고 있는지 확인하며 계속해서 업그레이드해야 하기 때문이다. 또한 몰입에서 끝나지 않고 관객이 스스로의 행복을 찾아가도록 해야 하기 때문에 훨씬 폭넓은 고민을 하는 배우가 된다. 시나리오를 읽는 눈도 길러야 하며 궁극적으로 사람에 대해 더 깊이 이해할 수밖에 없다. 깊이 있는 사고와 피드백을 통한 부단한 개선 그리고 관객과의 소통을 추구하는 배우가 결국 좋은 배우이고 돈은 자연스럽게 따라온다.

또한 2가지 비전의 큰 차이점은 그것이 향하고 있는 방향이다. 비전 1이 향하는 곳은 '좋은 연기자', '돈을 많이 버는 것'과 같이 자기 자신이다. 좋은 연기자가 되는 것과 돈을 많이 버는 것 모두 자기 자신이다. 오로지 나만 바라보며 달려가야 한다. 잘되어도 못 되어도 오직 내가 감당해야 한다. 무겁고 고독하지만 막상 내 연기의 성공 여부를 결정할 관객의 관점은 전혀 고려되어 있지 않다.

반면 비전 2는 어떤가? 목표가 향하는 바가 나 자신이 아니라 관객이다. 내 연기의 수혜를 받는 사람을 향하고 있다. 내 연기를 본 사람들이 몰입을 경험하고 스스로의 행복을 찾아가도록, 즉 그들의 성공에 기여해야 비전이 달성된다.

　어쩌면 훨씬 어렵고 달성하기 어려워 보일 수도 있다. 하지만 마이크로소프트의 직원 평가 사례에서 보았듯이 타인의 성공에 기여하려는 목표가 있는지 없는지에 따라 성장의 속도는 큰 차이를 나타낸다. 타인과 교류하고 그들과 파트너십을 맺는 방향으로 이끌기에 덜 무겁고 덜 고독하면서도 성공의 크기는 훨씬 크다.

　내가 하고 싶은 것, 이루고 싶은 것을 생각해보고 궁극적으로 원하는 것이 무엇인지 질문과 질문을 거듭해보자. 나이가 어리다면 너무 많은 고민을 하기보다는 하고 싶은 것을 최대한 많이 경험해보기 바란다. 물론 책을 통한 간접경험도 필요하다. 경험과 지혜가 쌓여가면서 더 장기적인 인생의 목표나 목적이 생겨날 때가 바로 인생의 비전을 만들어나갈 때이다.

　비전이 향하는 방향도 고려해야 한다. 마이크로소프트의 직원 평가처럼 나의 성장을 통해 다른 사람의 성공에 어떤 기여를 할 수 있는지 생각해보는 것이다. 내가 제공한 서비스, 내가 만든 제품이나 작품을 통해 고객의 행복이나 성공에 기여할 수 있을 때 나도 성장할 수 있다. 성공적인 파트너십을 위한 2단계는 내 비전의 방향을 확인해보는 것이다. 오롯이 나에게로 향하는 무거운 비전을 타인과 함께 성장하는 가벼운 비전으로 만드는 것이 바로 두 번째 걸음이다.

Step 3.
행복한 삶의 5가지 범주를 이해하고 관리한다

○   행복은 멀리 있지 않다. 아이들의 까르르 웃음 속에도 있고, 파란 하늘에 솜사탕같이 하얀 뭉게구름 속에도 행복이 있다. 하늘에서 눈이 펑펑 내리는 날, 따뜻한 집에서 새하얗게 변해가는 세상을 볼 때, 문득 노을 진 서쪽 하늘을 올려다보고 말로 형언할 수 없는 아름다움에 행복을 느끼기도 한다. 열심히 노력해서 뭔가를 성취하는 것만이 행복이 아니다. 신이 인간에게 준 놀라운 일상의 축복을 깨닫는 순간에 행복이 있다. 신은 누구에게나 공평하게 행복의 씨앗을 선물한다. 그러나 일상의 행복을 알아채는 사람들은 극소수이다. 왜 그럴까?

그 이유는 행복을 감지하는 안테나 역할을 하는 곳이 실체도 개념도 모호한 '마음'이기 때문이다. 이 마음이 아이처럼 순수하고 편안해야 일상의 행복을 오롯이 감지할 수 있다. 마음이 불행한데 무슨 석양이, 구름이 의미 있게 와 닿겠는가. 결국 내 마음을 잘 제어하면 매 순간의 일상이 행복하고 똑같은 상황도 지옥처럼 변할 수 있다. 그렇다면 마음은 어떨 때 편하고, 또 편하지 않는가?

마음만큼 요상한 물건이 있을까? 정말 행복하다 싶다가도 어느 순간 나락으로 떨어지기도 한다. 일반적으로는 아무런 걱정거리가 없을 때 마음이 편안하다. 하지만 일생을 걱정거리 없이 살 수 있는가? 걱정거리가 없는 삶을 추구한다는 것은 신기루와 같은 삶을 염원하는 것과도 같다. 아무리 좋은 환경에서 태어나 세상 모든 것을 누린다 해도 이룰 수 없는 염원이다. 그렇다면 우리는 어떤 삶을 염원해야 하는가?

내 삶의 목적, 즉 올바른 비전을 이해하고 성장하는 삶을 추구하는 것이다. 이것은 생애 주기에 따라오는 다양한 불안과 걱정거리에 우리의 마음이 덜 예민하게 반응하도록 도와준다. 불안과 걱정거리를 없앨 수는 없지만 덜 반응하는 방향으로 우리의 마음을 훈련시킬 수 있다. 이러한 마음 훈련은 대부분의 종교에서 일관되게 하는 수련법이다. 마음을 단련하기 위해 종교적인 수련을 할 수도 있지만 일상에서 파트너십을 활용하여 불안과 걱정거리를 관리할 수도 있다. 없앨 수는 없으니 적절하게 관리하는 것이다.

나를 중심에 두고 내 삶의 어떤 영역을 관리해야 하는지 고민할 필요가 있다. 우리의 삶은 저마다의 개성과 사연을 가지고 있다. 아무리 쌍둥이로 한날한시에 태어나 같은 부모 밑에서 자랐다고 해도 똑같은 삶을 사는 사람은 없다. 하지만 우리가 행복한 삶을 영위하기 위해 필요한 삶의 조건은 대체로 비슷하다. 어디에 주안점을 두는지는 조금 다를 수 있지만 대체로 5가지 범주가 있다.

목적 있는 삶, 더불어 사는 삶, 주체적인 삶, 건강한 삶, 그리고 자유로운 삶이다. 삶의 5가지 범주가 조화롭게 균형을 이룬다면 대체로 행복한 삶을 영위하지만 심각한 불균형을 이룬다면 반드시 문제가 생긴다.

삶의 5가지 범주

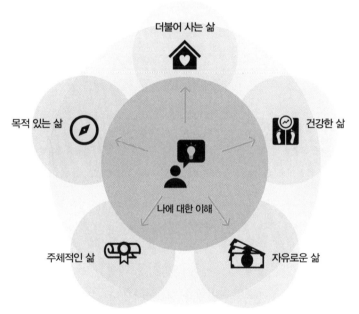

출처 Soyoung Lee

삶의 5가지 범주에 해당하는 주요 항목을 적어보면 왜 조화롭게 균형을 맞추어야 하는지 알 수 있다.

삶의 5가지 범주 : 주요 항목 적기

더불어 사는 삶
가정 경영, 인간관계
부모님, 결혼, 출산과
양육, 집안일 등

목적 있는 삶
삶의 방향
비전, 목적,
태도 등

건강한 삶
건강 관리
운동, 건강 체크,
식습관, 수면 등

나에 대한 이해
약점, 강점, 개성,
성격 등

주체적인 삶
커리어 관리,
학업, 일,
비즈니스 등

자유로운 삶
경제적 자유
펀드, 주식, 예금,
부동산, 보험 등

먼저 목적 있는 삶은 자신의 삶의 방향을 아는 것이다. 자신이 추구하는 비전의 방향을 이해하고 그것을 이루는 데 필요한 태도와 구체적인 목표 등을 수립해야 한다. 더불어 사는 삶은 자신을 둘러싼 사람들과의 관계를 의미한다. 어느 날 하늘에서 뚝 떨어지거나 땅에서 솟아난 사람은 없다. 아무리 혼자 고군분투했다 해도 벌거숭이로 태어난 우리를 먹이고 입히고 돌본 누군가가 있게 마련이다. 일평생 만들고 가꾸어야 할 소중한 가족이나 이웃, 동료와 같은 인간관계가 여기에 해당한다.

주체적인 삶을 위해서는 일이나 커리어, 비즈니스와 같은 나의 쓸모를 만들고 가꾸는 것도 반드시 필요하다. 건강한 삶을 위해서는 운동이나 식습관, 수면의 질 향상과 같은 것들이 필요하며, 마찬가지로 자유로운 삶을 위해서는 경제적인 기반을 만들어야 한다.

어떠한가? 삶의 5가지 범주 중 어느 하나라도 심각하게 부족하면 우리의 삶이 어떠할지 쉽게 짐작할 수 있다. 돈이 많아서 경제적으로는 자유로운데 몸이 건강하지 못하다면, 혹은 더불어 사는 삶이 아닌 고독하고 외로운 삶이라면 어떨까? 삶의 목적을 모르고 이리저리 흔들린다면, 또는 자신이 주체적으로 살아가는 데 필요한 커리어나 역량 없이 누군가에게 일평생 의존해야 한다면, 이 모든 것이 우리가 꿈꾸는 행복한 삶과는 거리가 멀다.

평생 가꾸어가야 할 삶의 행복은 삶의 5가지 범주를 이해하고 어느 하나도 지나치게 부족함 없이 관리하는 데 있다. 하지만 삶의 5가지 범주 중 어느 하나도 거저 얻어지는 것이 없다. 물론 어떤 사람은 건강을 타고날 수도 있고, 부유한 가정에서 태어난 사람도 있다. 하지만 일평생 갈고닦는 노력이 없다면 타고난 행운도 언제든 사라질 수 있다. 그렇기에 우리는 일평생 공부하고 성장을 위한 부단한 수련을 멈추지 않아야 한다. 이러한 의식적인 노력이 있을 때 마음의 평안을 얻고 신이 우리에게 선물한 수많은 행복을 온 마음으로 누릴 수 있다. 성공적인 파트너십을 위한 2단계는 바로 내 마음의 행복을 위한 삶의 5가지 범주를 이해하고 어느 것도 지나치게 부족함 없이 관리하는 것이다.

Step 4.
현재 내 삶에서 파트너십이 필요한 영역을 정의한다

○   앞에서 나를 이해하고 그것을 바탕으로 비전의 방향을 확인했다. 그리고 행복한 삶의 5가지 범주를 이해하고 평생 관리해야 한다는 것도 알게 되었다. 4단계에서는 현재 내 삶에 필요한 파트너십의 영역을 파악해야 한다. 일상의 행복을 찾기 위해서는 근심과 걱정거리 없는 평안한 마음이 필수 요소라고 했다. 현재 내 마음의 걱정거리를 따라가면 내 삶에 필요한 파트너십의 영역 또한 쉽게 파악할 수 있다. 이러한 걱정거리가 삶의 어떤 범주에 들어가는지 분류하고 기록해보기 바란다.

우리가 안고 있는 걱정거리는 삶의 주기에 따라, 어떤 사건에 따라, 그리고 처한 환경에 따라 다르다. 걱정거리를 피하거나 막연하게 두려워하지 않고 행복의 필수 요소라고 생각하고 기록하고 분석하는 것만으로도 마음이 평안해짐을 느낄 수 있다.

나 또한 그러했다. 몇 년 전 바쁜 출장길에 내 마음을 무겁게 만드는 걱정거리들을 무작정 써봤다. 삶의 5가지 범주나 파트너십에 대해 깊이 생각할 기회는 없었다. 하지만 일단 기록하는 것만으로도 무겁던 마음이 가벼워지는 것을 느꼈다. 독자들의 이해를 돕기 위해 그때 기록한 것을 그대로 옮겨본다.

1. 아이들 걱정

아이들을 잘 돌보지 못하는 것 같아 늘 불안하고 걱정된다. 열한 살이 된 건우의 학습 습관은 문제가 없는 것일까? 책만 어느 정도 읽게 하고 나머지는 자신이 하고 싶은 것을 맘껏 하도록 놔두긴 하는데 여러 가지 부족한 부분이 많이 보인다. 일곱 살 가인이도 걱정이 안 되는 것은 아니다. 너무 하고 싶은 대로만 하려고 하는 것도 걱정이고 내년에 학교에 들어가는데 한글을 아직도 못 읽는 것도 걱정이다.

하지만 내가 걱정한다고 아이들이 나아질 수 있을까? 내가 먼저 살아봤기 때문에 그 나이에 해야 할 것, 하지 말아야 할 것 정도를 알려주고, 약간의 도움을 주는 정도가 아닐까? 내 걱정에는 아랑곳하지 않고 아이들은 많이 웃고, 많이 울기도 하고, 일단 무척 건강하다. 내가 아이들과 함께 살 수 있는 시간은 유한하다. 과도한 욕심과 걱정보다는 함께 있는 시간을 좀 더 알차고 의미 있게 보내는 데 초점을 맞추어야 하지 않을까?

2. 경제적인 걱정

집을 사면서 빌린 대출금이 마음을 무겁게 짓누른다. 남편이 아직 안정적인 경제 기반을 마련하지 못한 상태에서 내 월급이 끊기는 상황이 생기면 어쩌나 조마조마하기도 하다. 하지만 현재 내가 하고 있는 경제적인 걱정은 돌아보면 욕심에서 비롯되었다. 먹고살기에 부족하지 않은 돈을 벌었고, 또 미래에도 욕심만 부리지 않는다면 굶어 죽지는 않을 것 같다. 하지만 막연한 불안함에 과도하게 걱정하는 경향이 있다.

투자도 큰 무리 없이 적절하게 해왔다. 과도한 빚을 내서 집을 마련한 것도 아니고 몇 년 노력하면 갚을 수 있을 것이다. 하지만 투자가 잘못된 것은 아닐까, 빚 때문에 불행해지지 않을까 전전긍긍하는 내 모습을 본다. 이 정도의 걱정거리는 적당한 긴장감을 주어 나태해지지 않고 현명한 소비를 할 수 있도록 동기부여를 하니 장기적인 관점에서는 이로울 수 있다. 3~5년 간 열심히 갚아보자.

3. 실직에 대한 걱정

경제적인 문제를 해결하는 이유뿐만 아니라 일을 하는 것은 나에게 매우 중요하다. 일을 통해 사회에서 내가 이롭게 쓰인다는 것을 느낄 수 있으니까. 하지만 언제 구조조정을 당할지 불안하다. 특히 연차가 높고 나이가 많아지니 그러한 걱정이 더 심해진다. 그래서인지 회사에서도 순간적으로 과몰입 상태가 될 때가 많고 과도하게 스트레스를 받는 경우도 종종 있다.

하지만 이러한 걱정이 있어야 더 노력하고 공부하는 삶을 살 수 있지 않을까? 공부하는 삶은 당장은 번거롭고 힘들어도 장기적으로 행복한 삶을 위한 가장 중요한 요소이다. 공부하는 마음가짐은 모든 불행의 전조를 막아준다. 쓸데없는 생각이나 관계에 사로잡히지만 않아도 인생은 훨씬 행복해질 수 있다. 그리고 당장 처리해야 할 회사의 긴급한 상황들, 순간적으로 과몰입에 빠지는 상황들에 대처하는 마음의 근육도 좀 길러야겠다. 일단 심호흡하고 좀 쉬었다 다시 생각하는 습관을 길러야겠다. 오히려 실직에 대한 걱정을 부여잡고 매 순간 더 열심히 살자.

긴 글을 쓴 것은 아니지만 고민을 꾹꾹 눌러 담아 한자 한자 쓰다 보니 고민의 본질을 이해하고 해결하는 방향으로 의식이 자연스럽게 흘러가는 것이 아닌가? 이제 고민은 내 마음을 무겁게 하는 어떤 것에서 내 삶의 행복을 위한 중요한 단초들로 인식의 전환이 이루어질 수 있다.

이제 삶의 5가지 범주 다이어그램 위에 나의 고민거리에 해당하는 항목을 표시해보자.

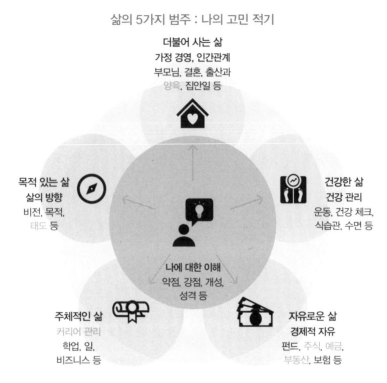

삶의 5가지 범주 : 나의 고민 적기

더불어 사는 삶
가정 경영, 인간관계
부모님, 결혼, 출산과
양육, 집안일 등

목적 있는 삶
삶의 방향
비전, 목적,
태도 등

건강한 삶
건강 관리
운동, 건강 체크,
식습관, 수면 등

나에 대한 이해
약점, 강점, 개성,
성격 등

주체적인 삶
커리어 관리
학업, 일,
비즈니스 등

자유로운 삶
경제적 자유
펀드, 주식, 예금,
부동산, 보험 등

나의 고민
양육, 태도, 커리어관리, 주식, 예금, 부동산

출처 Soyoung Lee

이렇게 놓고 보니 나는 '삶의 5가지 범주' 중 4가지 영역에서 고민하고 있었다. 당시에 아이들도 나도 건강한 삶에 대한 고민은 없었지만 나머지 영역이 골고루 활성화되어 있는 것을 쉽게 확인할 수 있다. 어떤가? 내 삶의 균형을 맞추기 위해 노력하는 과정으로 보이지 않는가? 우리 고민의 실체는 사실 삶을 균형 있게 살 수 있도록 도와주는 고마운 존재이다.

이제 활성화된 영역에서 필요한 것들이 무엇인지 생각하고 그 중 파트너십으로 해결할 수 있는 부분이 있는지 분석해봐야 한 다. 이 분석을 위해 파트너십 다이어그램이라는 간단한 가이드맵 을 만들어보았다.

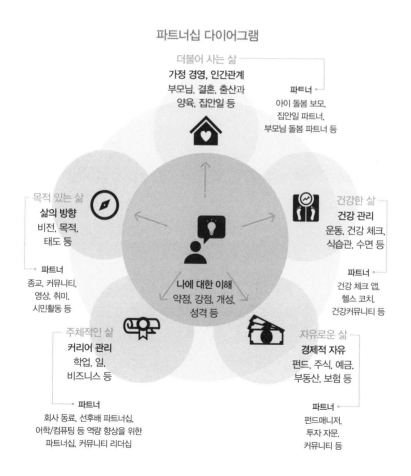

파트너십 다이어그램

더불어 사는 삶
가정 경영, 인간관계
부모님, 결혼, 출산과
양육, 집안일 등

파트너
아이 돌봄 보모,
집안일 파트너,
부모님 돌봄 파트너 등

목적 있는 삶
삶의 방향
비전, 목적,
태도 등

파트너
종교, 커뮤니티,
영상, 취미,
시민활동 등

건강한 삶
건강 관리
운동, 건강 체크,
식습관, 수면 등

파트너
건강 체크 앱,
헬스 코치,
건강커뮤니티 등

나에 대한 이해
약점, 강점, 개성,
성격 등

주체적인 삶
커리어 관리
학업, 일,
비즈니스 등

파트너
회사 동료, 선후배 파트너십,
어학/컴퓨팅 등 역량 향상을 위한
파트너십, 커뮤니티 리더십

자유로운 삶
경제적 자유
펀드, 주식, 예금,
부동산, 보험 등

파트너
펀드매니저,
투자 자문,
커뮤니티 등

삶의 5가지 범주와 개별 항목에서 어떠한 파트너십이 필요하고 가능한지 한눈에 알 수 있는 다이어그램이다. 각자의 생애 주기나 상황에 맞춰 자신만의 파트너십 다이어그램을 만들고 업그레이드 해보자. 당장 걱정거리나 고민이 사라지지는 않겠지만 분명 더 나은 삶, 행복한 삶을 위한 소중한 밑바탕이 될 수 있을 것이다.

Step 5.
각 분야에서 필요한 파트너를 찾는다

○   이제 드디어 파트너를 찾아 나설 단계가 되었다. 지금까지 단계를 차근차근 밟아왔다면 현재 자신의 삶에서 어떤 영역이 고민거리이며 파트너십을 맺어서 문제를 해결해야 하는 영역이 어디인지 알게 되었을 것이다. 아는 것과 행하는 것은 분명 다르다. 특히 파트너십은 나 이외의 타인이 개입되어야 하므로 파트너십을 위해 필요한 것들을 실행하는 능력이 반드시 필요하다.

그렇다면 파트너는 어떻게 찾아야 하는 것일까? 나의 걱정거리들을 예로 들어서 함께 생각해보자.

삶의 범주	걱정의 내용	파트너십
더불어 사는 삶 가정 경영	**아이들 걱정** 열한 살이 된 건우의 학습 습관은 문제가 없는 것일까? 책만 어느 정도 읽게 하고 나머지는 하고 싶은 것을 맘껏 하도록 놔두긴 하는데 여러 가지 부족한 부분이 많이 보인다. 일곱 살 가인이도 걱정이다. 너무 하고 싶은 대로만 하려 들고 내년에 학교에 들어가는데 한글을 아직도 못 읽는다.	– 건우의 학습 태도 점검 및 컨설팅 요청을 위해 학교 선생님과 의논한다. – 가인이 한글 학습을 위한 파트너로 남편과 할머니와 의논한다.
자유로운 삶 부동산, 예금 등	**경제적인 걱정** 집을 사면서 빌린 대출금이 마음을 무겁게 짓누른다. 남편이 아직 안정적인 경제 기반을 마련하지 못한 상태에서 내 월급이 끊기는 상황이 생기면 어쩌나 조마조마하기도 하다.	– 경제 관련 책이나 강좌로 공부하면서 내 기준(가치투자)에 맞게 관리해줄 수 있는 펀드매니저, 금융사를 찾는다.
주체적인 삶 커리어 관리	**실직에 대한 걱정** 경제적인 문제를 해결하는 이유뿐만이 아니라 일을 하는 것은 나에게 매우 중요하다. 일을 통해 사회에서 내가 이롭게 쓰인다는 것을 느낄 수 있다. 하지만 언제 구조조정을 당할지 불안하다. 특히 연차가 높고 나이가 많아지니 더욱 걱정된다.	– 회사 안에서 커리어 관련 다양한 이야기를 나눌 수 있는 멘토를 찾아본다. – 지금까지 내 일을 정리할 수 있도록 책 쓰기 강좌를 알아본다.
목적 있는 삶 삶의 방향, 태도	**스트레스에 대한 걱정** 회사에서 순간적으로 과몰입 상태가 될 때가 많고 과도하게 스트레스를 받는 경우도 종종 있다.	– 명상에 관한 책이나 강좌를 듣고 스트레스에 대처하는 방법을 정리한다.
건강한 삶 건강 관리	**가족의 건강 걱정** 건강한 식단으로 제대로 먹고 있는지 걱정된다.	– 쇼핑할 시간이 부족하니 건강한 먹거리 배달, 혹은 남편이 도움을 줄 수 있는지 알아본다.

간단하게 정리해보면 당장 어떤 형태의 파트너십이 필요한지 한 눈에 피악할 수 있다. 실제로 4년 전 출장길에 적었던 걱정들과 이를 해결하기 위해 고군분투하며 찾았던 파트너들이 지금 모두 단단한 성과를 내주고 있다. 그렇다고 해서 지금 걱정거리가 하나도 없는 것은 아니다. 하지만 이때의 걱정거리를 현명한 파트너십과 함께 잘 관리해왔기에 지금의 걱정거리들은 한 차원 더 높아졌다.

모든 사람은 자신을 극복하고 공동체와 함께 성장하는 과정에서 크고 작은 걱정거리들과 문제들을 안고 살아갈 수밖에 없다. 하지만 그러한 문제들을 피하거나 과도하게 걱정하지 않고 진정한 행복을 위해서는 적절히 관리해나가야 한다. 또한 스스로 성장하기 위한 공부를 해나가며 타인과 적절한 파트너십을 맺는 것도 잊지 말아야겠다.

파트너를 찾을 때도 꼭 기존에 알고 있던 관계로만 좁힐 필요는 없다. 기존의 파트너십이 원하는 목표에 부합하지 않는다면 완전히 새로운 곳으로 시야를 넓혀서 적극적으로 개척해야 한다. 새로운 커뮤니티를 찾을 수도 있고, 교육 프로그램을 등록할 수도 있다. 혹은 소셜미디어나 다른 네트워킹 프로그램을 통해 내가 필요한 분야의 파트너십을 만들어나가야 한다. 성공적인 파트너십을 위한 5단계는 각 분야에 맞는 파트너십 형태를 정의하고 필요한 파트너를 찾는 것이다.

Step 6.
내가 기여할 부분을 찾아서 적극 나눈다

성공적인 파트너십을 위한 6단계에서는 나와 파트너가 서로 어떤 혜택을 얻을 수 있는지 살펴보아야 한다. 바로 파트너십 제2원칙인 상호 호혜의 원칙을 생각해보아야 하는 단계이다. 나와 상대방이 얻는 혜택이 동등하게 합의되어야 하는데 이를 위해 내가 제공할 것이 무엇이고 상대방에게 기대하는 것은 무엇인지 정의되어야 한다. 내가 경제적 이득을 줄 수도 있지만, 여기에서 다루는 파트너십은 비즈니스가 아닌 장기적인 인간관계이기 때문에 다른 가치를 생각하는 것이 바람직하다.

특히 이 책에서 다루는 파트너십의 혜택은 서로의 성장이다. 성장이라는 것이 매우 포괄적이고 추상적이기 때문에 각자가 생각하는 성장의 개념도 함께 의논할 필요가 있다. 물론 모든 것을 대화로 풀어나가기에는 어려운 점이 있다. 그러나 서로가 서로의 성장을 위해 파트너십을 맺는다고 합의하는 것만으로도 큰 진전을 볼 수 있다.

기업에서 상사와 직원도 계약으로 맺어진 상하 관계가 아니라 서로의 성장을 위한 파트너로 협의하는 순간 각자가 기여할 부분도 쉽게 합의된다. 가정에서도 마찬가지다. 단순히 남녀의 역할이 아닌 서로의 성장을 위한 파트너로서 기여할 부분을 협의한다면 수많은 갈등들을 미연에 방지할 수 있다.

각자 기여할 부분과 파트너십의 혜택을 나누는 데 있어서 매우 중요한 부분이 어떻게 해야 공정하게 나눌 수 있는가이다. 여기에 대해서는 앞에서도 소개한 우미영 어도비 대표님과 나눈 대화를 공유하고 싶다.

우미영: 파트너십에서 중요한 것은 각자가 기여할 부분을 잘 정의하고 결과물도 공정하게 나누는 것입니다.

이소영: 그런데 대부분의 사람들은 자신은 적게 기여하면서 결과물은 많이 가져가려는 경향이 있잖아요?

우미영: 네, 여기에서 성공적인 파트너십이 결정됩니다. 수많은 경험을 통해 살펴본 바로는 내가 아무리 공정하게 나눈다고 해도 상대방은 그렇게 생각하지 않는다는 거예요.

이소영: 그러고 보니 저도 그런 경험이 꽤 있었던 것 같습니다. 그리고 우리 정서상 정확히 똑같이 나눈다는 것이 좀 불가능한 경우도 많고요.

우미영: 네, 그런 경우가 대부분이지요. 그래서 저는 5:5로 나누어야 할 때 일부러 4:6을 제안합니다. 기여해야 하는 부분은 제가 6이고 상대방이 4로 느낄 수 있도록 하고요. 결과물은 상대방이 6, 제가 4를 가지는 것이지요.

이소영: 자신이 항상 손해 보는 위치에서 제안하는 것이네요?

우미영: 맞습니다. 내가 손해 보는 위치를 제안해야 상대방은 공정하다고 생각합니다.

짧은 대화였지만 매우 큰 인사이트를 주었다. 내가 손해 보는 위치를 제안해야 상대방은 공정하다고 느낀다는 것이다. 꼭 비즈니스 관계뿐만이 아니다. 일터에서 리더에 오른 사람들, 행복한 가정을 꾸리고 있는 부부, 그리고 일터 안팎에서 영향력이 큰 사람들을 살펴보면 자신이 손해를 보더라도 더 많이 베푸는 사람들이다. 당장은 손해 보는 듯이 보여도 긴 관점에서 보면 기버giver가 성공하는 것과 같은 이치다.

우미영 대표의 개인적인 파트너십 전략뿐 아니라 이와 같은 기버의 성공 법칙은 펜실베이니아 대학교 와튼스쿨 최연소 종신교수인 애덤 그랜트에 의해 데이터로 증명되어 책《기브 앤 테이크 : 주는 사람이 성공한다Give and Take》으로도 출간되었다. 성공의 사다리 맨 위에 있는 사람들은 대부분 기버들이다.

특히 요즘과 같이 통신과 교통의 발달로 세상 사람들이 더욱더 서로 연결되어 협업하고 팀으로 일할 때는 이러한 기버의 성공 공식이 더욱 극명해진다. 소셜미디어의 발달로 기버로 일하는 사람과 테이커로 일하는 사람의 영향력을 쉽게 확인할 수 있다. 기업이 성과를 평가하고 연봉 인상이나 승진 등으로 그에 따르는 보상을 할 때 능력이나 재능 그리고 열심히 일했는지만을 평가하지는 않는다. 마이크로소프트의 직원 평가 방식처럼 다른 사람에게 얼마나 좋은 영향을 미쳤는지를 고려한다. 파트너십을 맺을 때도 이러한 기버의 관점에서 상대방에게 좀 더 베푼다는 생각으로 제안하는 것이 좋다.

여기에 평소 나의 지론을 한 가지 덧붙이고 싶다. 바로 '사람을 돕는 것이 저축보다 더 낫다'는 것이다. 내가 언제 받을지 굳이 따지지 않고 내가 도울 수 있을 때 돕는 자세이다. 내가 가진 재능이나 능력, 혹은 그 무엇이든 간에 어떤 사람 또는 단체가 필요로 하고 내가 할 수 있다면 기꺼이 돕는다. 나중을 위해 돈을 은행에 저축하듯이 나의 재능이나 능력을 타인에게 저축하는 것이라고 생각하면 쉽게 이해할 수 있다. 이러한 저축은 돈을 저금하는 것보다 훨씬 큰 이자를 우리에게 제공한다.

물론 나의 재능이나 능력을 이용만 하는 테이커에게 지속적으로 제공하는 것은 저축이 아니라 사기꾼에게 돈을 바치는 것과 같다. 그리고 무리한 저축으로 지금 당장 곤궁하게 사는 것과 같이 자신의 능력을 뛰어넘어 지나치게 제공하는 것도 바람직하지 않다. 기본적인 기준을 염두에 두고 자신이 할 수 있는 것을 평소에 꾸준히 타인을 위해 저축해보기 바란다. 지금 당장은 파트너가 필요하지 않은 영역도 생애 주기에 따라 파트너십이 꼭 필요할 때가 생긴다. 미래에 언젠가 급전이 필요하거나 멋진 투자처가 있을 때 저축해둔 돈이 큰 힘이 되는 것과 같은 이치다.

타인을 위해 나의 재능과 능력을 제공하려는 마음가짐은 필연적으로 성장을 위한 학습으로 이끈다. 타인을 돕기 위해 공부하게 되고, 공부한 것이 나의 성장에 도움이 된다.

내 도움을 받은 사람이 나라는 브랜드의 가치를 높여주기도 하고 소셜미디어를 통해 입소문이 날 수도 있다. 당장의 대가를 바라지 않았는데도 불구하고 나의 저축이 큰 이자로 나에게 되돌아오는 것이다.

장기적인 인간관계를 위한 파트너십은 기여하고 혜택을 나누는 기준과 방식도 비즈니스 관계와는 조금 다르다. 더 장기적이고 물질보다는 무형의 가치로 기여하는 것이다. 가치의 기준과 정의도 사람에 따라 다르기 때문에 내가 생각하는 가치를 파트너가 충분히 이해할 수 있도록 많은 대화와 협의가 필요하다. 내가 조금 손해 보는 위치에서 내 가치를 상대방에게 저축한다는 마음으로 한다면 성공적인 파트너십에 한층 가까이 다가갈 것이라고 믿어 의심치 않는다.

Step 7.
코칭과 피드백을 주고받으며 파트너십을 업그레이드한다

○   이제 드디어 마지막 단계까지 왔다. 아무리 심사숙고하여 훌륭한 파트너십을 맺었다고 해도 이 세상에 영원히 완벽한 것이란 없다. 비즈니스 환경과 같이 공식적으로 협의할 수 있는 채널을 만들지는 못한다 하더라도 피드백을 서로 주고받고 코칭을 할 수 있는 프로세스가 필요하다. 파트너십을 맺을 때

아예 처음부터 코칭과 피드백의 절차와 과정을 함께 합의하는 것도 좋다.

이에 대한 사례로 내가 아이들의 보모들과 했던 코칭과 피드백의 과정을 나누려고 한다. 앞에서도 말했듯이 아이들이 10대가 될 때까지 우리 부부를 도와 양육에 참여했던 파트타임, 풀타임 파트너들은 10명이 넘는다. 10년이 넘는 세월 동안 다양한 상황을 거치다 보니 어쩔 수 없는 일이었다. 하지만 보모들이 달라져도 아이들이나 우리 부부가 겪는 혼란이 적었던 이유는 계약할 때부터 코칭과 피드백을 위한 과정을 함께 넣었기 때문이다.

보모들과 내가 함께 작성한 육아일지는 수십 권에 달한다. 아주 간단한 몇 줄이지만 아이들이 먹은 것들, 함께했던 놀이들이 기록되어 있다. 서로 대화를 나누기도 하지만 이렇게 수시로 기록해둔 내용들을 보며 서로에 대한 신뢰를 쌓아갔다. 피드백과 코칭이 대단히 정교하고 전문적일 필요는 없다. 다만 서로의 눈높이와 방향을 맞추고자 노력하는 일련의 과정이라고 생각하면 된다.

아이를 돌보고 양육하는 일은 매우 고될뿐더러 잘하든 못하든 당장 눈에 보이는 것이 아니다. 때로는 억울한 감정이 쌓이기도 하고 오해가 오해를 불러일으키기도 한다. 하지만 간단한 글로 피드백을 남기고 그때그때 느낌을 남기면 불신을 미리 차단할 수 있다.

이러한 코칭과 피드백은 매우 다양한 방법으로 개발할 수 있다. 남편과 아내가 정기적으로 가정의 문제를 토론하는 가족회의는 가장 좋은 방법이다. 문제는 내용이다. 특히 부정적인 피드백을 전달할 때, 혹은 의견이 불일치할 때 가장 어렵다. 회사에서도 이런 일은 비일비재하다.

최근 호주 팀원에게 부정적인 피드백을 전달해야 하는 상황이 있었다. 매우 활발하고 긍정적인 에너지가 넘치며 일 잘하는 팀원이다. 문제는 감정 기복이 다소 심하고 매우 경쟁적인 성향을 가지고 있다는 것이었다. 자신의 아이디어를 다른 팀원이 지지하지 않는다거나 혹은 다른 팀원의 업무에 불만이 있을 때 여러 번 돌직구를 날리는 행태를 보였다. 그런 그녀의 태도에 상처받은 상대방은 당연히 좋은 감정을 가질 리가 없고 주로 회사의 비공식적인 채널을 통해 그녀를 비판했다. 회사의 공식적인 채널에는 주로 좋은 피드백만 있으므로 이 팀원은 자신에 대한 정확한 피드백을 들을 기회가 없었다. 나는 매니저로서 코칭과 피드백으로 이러한 상황을 정확히 인지시켜야 하는 숙제를 맡게 되었다.

처음에는 나도 어떻게 대처해야 할지 몰라 일대일 대화를 통해 내 의견을 전달했다. 다른 사람들에게 이런 피드백을 들었다고 말하면 자칫 팀원 간의 갈등을 일으킬 것 같아서 내가 겪은 사례를 중심으로 이야기했다. 하지만 이 팀원은 내 의견을 수긍하는 것이 아니라 내가 동양인이어서 그렇게 느낀 것 같다며 방어하기에 급급했다. 순간 나는 몹시 당황스러웠다. 내가 정말로 서양인들의 문화를 이해하지 못해서인지 이렇게 반론을 제기하는 것 자체도 어떻게 대응해야 할지 감이 오지 않았다. 우리 문화에서 팀원들의 이런 반응을 예상할 수 있는 매니저가 몇이나 있겠는가?

여기에서 갈등 상황으로 끌고 가는 것은 문제 해결에 도움이 안될 거라는 판단하에 일단 뒤로 물러났다. 여러 트레이닝 기회를 통해 단숨에 빠르게 문제를 해결하려는 자세보다는 차근차근 문제를 해결할 필요가 있다고 생각하고 좀 더 정보를 모았다. 그리고 다른 피플 매니저들과도 의견을 교환하며 전달하고자 하는 메시지를 정리하고 다양한 채널에서 모은 피드백 관련 자료와 함께 제공했다. 이때도 이 팀원이 미래에 도달하고 싶은 커리어의 목적을 위해 자신의 브랜드 이미지를 잘 관리할 필요가 있다는 정보를 토대로 최대한 객관적으로 피드백을 전달했다.

처음에는 다소 격앙된 반응을 보이더니 이내 수긍하고 매니저인 나에게 도움을 요청하기 시작했다. 자신은 이러이러한 커리어를 생각하고 있는데 어떤 브랜드가 도움이 되겠는지, 관련 트레이닝 자료가 있는지 물어보는 것이었다. 매니저로서 당연히 팀원의 성장을 위해 도움을 주겠다고 했고, 나 또한 이 과정에서 배운 것이 많다고 훈훈하게 마무리했다. 그냥 하는 말이 아니었다. 이 팀원이 서양인의 관점에서 나의 매니징 스타일에 대한 피드백을 날카롭게 던졌기에 나 스스로 좀 더 다양성을 포용하는 매니저가 되기 위해 고민하고 관련 교육도 열심히 들었다. 그 결과 나는 좀 더 글로벌한 조직을 매니징할 수 있는 역량을 기를 수 있었다.

피드백과 코칭은 어떻게 받아들이느냐에 따라 효과가 천양지차다. 잘 받아들이기 위해서는 피드백과 코칭이 꼭 필요한 과정이라는 합의가 먼저 되어야 한다. 파트너십 초기에 반드시 이러한 합의에 대한 커뮤니케이션이 필요하다. 파트너십이 서로의 성장에 필요한 것이라면 피드백과 코칭은 파트너십을 성장시키는 장치이고, 이것이 바로 성공적인 파트너십을 위한 마지막 Step 7이다.

1Step부터 7Step까지 성공적인 파트너십을 위해 쉽지 않은 길을 따라온 모두에게 큰 박수를 보낸다. 인간관계에서 성공적인 파트너십을 맺기 위해서는 앞에서 살펴본 것과 같이 눈에 보이지 않는 수많은 질문들에 답변하는 시간이 필요하다. 비즈니스 환경에서 파트너 양해 각서와 같은 계약서를 쓸 때는 서로의 조건을 꼼꼼히 확인하고 협의하기 위해 지난한 시간을 거친다. 하지만 우리는 그동안 행복에 결정적인 역할을 하는 인간관계의 파트너십을 위한 기본적인 질문을 서로에게 얼마나 해보았던가? 왜, 어째서 파트너십을 맺어야 하는지 본질적인 고민을 해본 적이 있는가?

여기까지 성공적인 파트너십을 위한 7Step을 밟아온 사람들은 이러한 질문들에 대한 답변을 해보면서 나와 파트너에 대한 이해를 넓혀왔으리라 믿는다. 생애 주기에 따라 필요한 파트너십의 종류와 형태가 달라지듯이 파트너십을 위한 질문도 달라진다. 하지만 이러한 틀을 가지고 있다면 변화에 적응해가면서 필요한 파트너십을 잘 맺을 수 있을 것이다. 성공적인 파트너십과 함께 우리 모두의 삶이 한 뼘 더 성장하고 성숙해지기를, 그래서 진정한 행복을 마음 깊이 느끼며 살 수 있기를 기원한다.

함께해야 더 행복한 삶, 개인 파트너십

가족과 친구, 공동체와 많은 접촉을 한 사람일수록 행복하게 살며 육체적으로도 장수한다는 하버드 대학교 연구 결과가 있다. 긴강하고 행복하게 살아가기 위해서는 사적이고 친밀한 관계의 파트너십이 필수이다. 나를 지지하고 격려해주는 든든한 파트너들로 내 주변을 채워야 인생이라는 터널을 현명하게 지나갈 수 있다. 문제는 사회가 디지털화될수록 관계 맺기가 한정된다는 것이다. 사적이고 친밀한 관계에서의 파트너십도 변화가 불가피한 시대가 되었다. 같이 성장하는 파트너십이 필요하다.

스티브 잡스의 경험

스티브 잡스가 자신이 만든 회사인 애플에서 쫓겨났을 때 그를 일으켜 세운 것은 가족이었다. 빌 게이츠의 어머니는 아들이 사회의 일원으로서 필요한 사회성을 갖출 수 있도록 상담까지 받게 할 정도로 관계 맺기에 시간과 에너지를 투자했다. 아무리 뛰어난 사람이라도 홀로 존재할 수 없다. 친밀한 관계의 힘이야말로 내면의 성장을 이끌어낸다. 개인에게 가장 큰 영향을 미치는 친밀한 관계는 가족이다. 사회는 변화하는데 가족 내에서는 과거의 관계 방식을 그대로 답습하는 경우가 많다. 부모와 자녀 사이에도 파트너십 관계가 잘 맺어져야 더욱 행복한 가정을 꾸려나갈 수 있다.

파트너십 제1원칙 : 서로의 비전을 공유하라

이타적인 꿈의 탄생

결혼 서약 전 꼭 해야 할 일, 각자 삶의 목적과 비전 확인

파트너십 제2원칙 : 상호 호혜의 원칙

사소하고도 사소한 파국의 원인

집안일 분할의 황금비율

성공적인 결혼의 시작과 끝, 신뢰

특징 1. 서로의 관심사에 귀를 기울이고 일상적인 대화를 많이 한다.

특징 2. 사회적으로 성공하지는 않았더라도 안정적인 인격의 소유자들이다.

특징 3. 갈등이 있을 때 피하지 않고, 위기와 갈등은 더 나은 관계를 위해 꼭 필요한 과정이라고 인지한다.

특징 4. 두 사람의 갈등이나 위기를 해결하기 위해 제3자를 끌어들이지 않는다.

파트너십 제3원칙 : 코칭하고 피드백을 나눠라

아파서는 안 돼, 우리는 부모잖아

지혜를 나누고 서로를 북돋우는 코칭과 피드백

파트너십 제4원칙 : 촘촘하고 빈틈없이

가정의 이해관계자 관리

당신은 다른 사람의 성공에 기여한 적 있는가?

시부모님과 부모님을 파트너로

성공적인 파트너십을 위한 마법의 7step

Step 1	'나'를 알고 이해하기	– 자신이 가고 싶은 삶의 여정이 무엇인지 질문해본다. – '나'라는 브랜드에 대해 정리한다(강점, 가치 등).
Step 2	내 인생의 비전 찾기	– 내가 하고 싶은 것, 이루고 싶은 것이 무엇인지 생각한다. – 장기적으로 달성하고 싶은 인생의 목표나 목적은 무엇인지 질문해본다.
Step 3	행복한 삶을 위한 5가지 주요 범주 이해하기	– 삶의 5가지 범주, 더불어 사는 삶, 목적 있는 삶, 주체적인 삶, 건강한 삶, 자유로운 삶을 위한 주요 항목을 적어본다. – 삶의 5가지 범주를 바탕으로 각각의 목표를 이루는 데 필요한 태도와 구체적인 목표 등을 수립한다.
Step 4	내 삶에서 파트너십이 필요한 영역 정의하기	– 삶의 5가지 범주에서 고민이 되는 항목을 표시하고, 파트너십으로 해결할 수 있는 부분을 정리한다.
Step 5	각 분야에서 필요한 파트너 찾기	– 각 분야에 맞는 파트너십 형태를 정의하고, 새로운 커뮤니티, 소셜미디어 등을 통해 필요한 파트너를 찾는다.
Step 6	내가 기여할 부분 찾기	– 나와 파트너가 서로의 성장을 도울 수 있도록 노력한다. 내 가치를 상대방에게 저축한다는 마음으로 돕는다.
Step 7	파트너십 업그레이드하기	– 파트너들이 서로 피드백을 주고받고 코칭할 수 있는 커뮤니케이션 프로세스를 갖춘다.

서로에게 힘이 되는 법

"세월호 이후에 제 삶의 태도가 완전히 바뀌었어요. 미래를 위해 오늘을 희생하는 일은 하지 않겠다고 결심했지요."

돈을 버는 족족 가고 싶은 곳으로 여행을 떠나고 사고 싶은 것을 마음껏 사는 젊은 후배가 위와 같은 말을 해서 놀란 적이 있습니다. 사회 전반에 크나큰 영향력을 미친 사건은 사람들에게 깊은 트라우마를 남기며 삶의 태도마저 바꿔놓습니다. 나와 비슷한 세대에게는 IMF라는 트라우마가 깊게 드리웠고, 이전 세대에게는 한국전쟁과 가난이 집단 트라우마로 남아 있습니다.

코로나19 팬데믹 상황은 세월호, IMF 그리고 한국전쟁 못지않은 깊은 트라우마를 전 세대에 남길 것입니다. 모두가 똑같이 겪는 위기이지만 대처하는 방식에 따라 결과에는 많은 차이가 생길 수밖에 없습니다. 어떤 이들은 홀로 불안에 떨며 이 위기가 얼른 지나가기만을 기다릴 것입니다. 하지만 어떤 이들은 이 위기를 또 다른 도

약을 위한 기회로 삼으며 차근차근 더 큰 성장을 해나갈 것입니다.

위기와 트라우마, 우리 인생에서 마주치고 싶지 않은 단어들이지요. 하지만 비 온 뒤에 땅이 굳듯 어떻게 극복하느냐에 따라 이후의 삶이 완전히 달라질 수 있습니다. 이 책에서 다룬 성장 파트너십은 이러한 위기를 현명하게 극복할 수 있도록 우리를 둘러싼 관계를 건강하게 만드는 역할을 합니다. 나 또한 이 책을 쓰면서 정리한 파트너십의 원칙들을 활용하여 코로나19로 위기에 몰린 우리 가족을 한 단계 더 성장시킬 수 있었습니다.

코로나19로 우리 가족 역시 1년 어를 집에서 거의 24시간 함께 생활하게 되었습니다. 회사의 방침에 따라 나는 재택근무를 하고 아이들은 온라인 수업을 해야 했습니다. 설상가상으로 배우 남편은 계획한 모든 공연이 중단되어 실직자가 되었고요. 코로나19 이전에 나와 남편은 무척 바쁜 일상을 보냈습니다. 나는 밤늦게까지 회의를 하거나 일하기 일쑤였고 남편은 공연 준비로 퇴근이 매우 늦었습니다. 그동안 아이들의 교육은 학교와 학원 등에서 많은 부분을 맡아주었다는 것을 새삼 느꼈습니다.

다른 가족들과 마찬가지로 우리 가족도 모든 외부 활동을 멈추고 집에 머무르게 되었습니다. 한 달, 두 달, 세 달이 지나가면서 그동안 초고속으로 달리느라 보지 못했던 수많은 문제들이 노출되었습니다. 특히 디지털 세대의 표상이자 사춘기를 지나고 있는 중2 아들과 열정을 쏟던 일을 갑자기 하지 못하게 된 디지털 이전 세대

아버지의 갈등이 가장 크게 부각되었습니다. 스마트폰을 끼고 사는 모습부터 그동안 크게 문제되지 않았던 반말투, 그리고 불규칙한 생활 습관까지, 모든 것이 갈등의 요인이었습니다.

때마침 나는 파트너십 제4원칙을 정리하고 있었습니다. 특히 제2원칙 상호 호혜의 원칙이 이 문제를 해결하는 데 유용하겠다고 생각했습니다. 곧바로 남편과 마주 앉아 의논을 시작했습니다.

우선 남편의 실직으로 생긴 시간을 가족 파트너십을 위해 쓰기로 하고 그에 상응하는 월급을 지급하기로 했습니다. 바깥일만 일이 아니고 집안의 질서와 안녕도 매우 중요한 일이라고 설득했습니다. 특히 아이들의 매니저 역할을 강조했습니다. 바쁘다는 핑계로 아이들에게 필요한 기본적인 규칙 지키기와 높임말과 같은 예의를 가르치는 데 많이 소홀했으니까요. 가정의 지배인으로 집안에서 기본적인 규율을 잡아가는 역할을 부탁했습니다. 먹거리도 문제였습니다. 그동안 수시로 진행되는 미팅 덕분에 배달 음식으로 대충 끼니를 때우는 일이 많았습니다.

물론 단번에 합의에 이른 것은 아닙니다. 여러 갈등 요인으로 집안 분위기가 여러 번 다운된 적도 있고요. 남편은 중2 아들과 원만한 커뮤니케이션을 위해 전문가에게 상담까지 받기도 했습니다. 하지만 남편을 가족의 안녕과 행복을 위한 파트너로 적극 영입하자 많은 변화가 생겼습니다.

남편도 아이들과 파트너십을 맺기 위해 제4원칙을 활용하기 시작했습니다. 우선 어떤 변화가 왜 필요한지 설명했습니다. 하지만 설명은 매우 짧게 하고 상호 호혜의 원칙에 집중했습니다. 아이들이 좋아할 만한 것들의 목록을 만들고 우리가 원하는 변화와 그것들을 하나씩 교환하며 협상하기 시작했습니다. 아이들이 원하는 것은 스키장 가기, 옷 사기, 스마트폰 사용 시간 늘리기 등이었습니다. 우리가 원하는 변화는 아침에 일어나면 1시간씩 가족 독서 시간 갖기, 높임말 쓰기였지요.

남편은 가족의 식사에도 정성을 쏟았습니다. 아빠가 정성껏 식사를 준비하자 아이들의 태도도 바뀌기 시작했습니다. 식사 시간에 주로 진행되는 파트너십 제3원칙인 코칭과 피드백도 즐겁게 참여했습니다. 아이들 또래의 다양한 이슈들을 토론하기도 하고, 이 책에 대한 피드백을 받기도 했습니다.

남편이 가족의 파트너로 든든한 역할을 해준 덕분에 이 책의 원고도 훨씬 밀도 있고 빠르게 마무리할 수 있었습니다. 그동안 방치되었던 아이들도 완벽하지는 않지만 어느 정도 개선되었죠. 물론 남편은 어서 빨리 이 시기가 끝나 다시 열정적으로 무대에 서고 멋진 배우의 꿈을 이어나가고 싶어 합니다. 그때가 되면 파트너십 제4원칙인 촘촘하고 빈틈없는 파트너십을 위해 아이들과 나도 아빠의 성장을 크게 응원하고 지원할 것입니다.

우리의 삶은 항상 크고 작은 위기를 겪게 마련입니다. 전례 없는 위기를 맞고서도 더 큰 성장을 할 수 있는 회복 탄력성은 내가 만든 관계의 힘을 통해 기를 수 있습니다. 건강하고 단단한 파트너십으로 우리 모두 이번 위기도 또 앞으로 오게 될 위기도 힘차게 이겨내어 더 크게 성장할 수 있기를 기원합니다.

감사합니다.

대전환 시대의 새로운 성장 방정식, 파트너십

당신은 다른 사람의 성공에 기여한 적 있는가?

1판 1쇄 발행 2021년 3월 25일
1판 12쇄 발행 2024년 7월 10일

지은이 이소영
펴낸이 박선영

편 집 김지수
영업관리 박혜진
디자인 씨오디
발행처 퍼블리온
출판등록 2020년 2월 26일 제2022-000096호
주 소 서울시 금천구 가산디지털2로 101 한라원앤원타워 B동 1610호
전 화 02-3144-1191
팩 스 02-2101-2054
전자우편 info@publion.co.kr

ISBN 979-11-970168-9-9 03320

* 책값은 뒤표지에 있습니다.